HEMINGWAY

海明威传

金苏 编著

（典藏版）

 中华工商联合出版社

图书在版编目（CIP）数据

海明威传：典藏版／金苏编著. —北京：中华工
商联合出版社，2020.9

ISBN 978 - 7 - 5158 - 2805 - 3

Ⅰ.①海… Ⅱ.①金… Ⅲ.①海明威（Hemingway，
Ernest 1899 - 1961）- 传记 Ⅳ.①K837.125.6

中国版本图书馆 CIP 数据核字（2020）第 145489 号

海明威传（典藏版）

编　　著：金　苏
出 品 人：李　梁
责任编辑：林　立
封面设计：田晨晨
版式设计：北京东方视点数据技术有限公司
责任审读：郭敬梅
责任印制：迈致红
出版发行：中华工商联合出版社有限责任公司
印　　刷：天津旭丰源印刷有限公司
版　　次：2020 年 9 月第 1 版
印　　次：2023 年 4 月第 4 次印刷
开　　本：710mm×1020mm　1/16
字　　数：200 千字
印　　张：13.25
书　　号：ISBN 978 - 7 - 5158 - 2805 - 3
定　　价：68.00 元

服务热线：010 - 58301130 - 0（前台）
销售热线：010 - 58302977（网店部）
　　　　　010 - 58302166（门店部）
　　　　　010 - 58302837（馆配部、新媒体部）
　　　　　010 - 58302813（团购部）
地址邮编：北京市西城区西环广场 A 座
　　　　　19 - 20 层，100044
http://www.chgslcbs.cn
投稿热线：010 - 58302907（总编室）
投稿邮箱：1621239583@ qq.com

序

　　为了给《传世励志经典》写几句话，我翻阅了手边几种常见的古今中外圣贤大师关于人生的书，大致统计了一下，励志类的比例，确为首屈一指。其实古往今来，所有的成功者，他们的人生和他们所激赏的人生，不外是：有志者，事竟成。

　　励志是动宾结构的词，励是磨砺，志是志向，放在一起就是磨砺志向。所以说，励志不是简单的立志，是要像把刀放在石头上磨才能锋利一样，这个磨砺，也不是轻而易举地摩擦一下，而是要下力气的，对刀来说，不仅要把自身的锈磨掉，还要把多余的部分都要毫不留情地磨掉，这简直是一场磨难。所有绚丽的人生都是用艰难磨砺成的，砥砺生命放光华。可见，励志至少有三层意思：

　　一是立志。国人都崇拜的一本书叫《易经》，那里面有一句话说：天行健，君子以自强不息。这是一种天人合一的理念，它揭示了自然界和人类发展演化的基本规律，所以一切圣贤伟人无不遵循此道。当然，这里还有一个立什么样的志的问题，孔子说：士不可以不弘毅，任重而道远。古往今来，凡志士仁人立的都是天下家国之志。李白说：大丈夫必有四方之志，白居易有诗曰：丈夫贵兼济，岂独善一身，讲的都是这个道理。

二是励志。有了志向不一定就能成事，《礼记》里说：玉不琢，不成器。因为从理想到现实还有很大的距离。志向须在现实的困境中反复历练，不断考验才能变得坚韧弘毅，才能一步一个脚印地逐步实现。所以拿破仑说：真正之才智乃刚毅之志向。孟子则把天将降大任于斯人描述得如此艰难困苦。我们看看历代圣贤，从世界三大宗教的创始人耶稣、穆罕默德、释迦牟尼到孔夫子、司马迁、孙中山，直至各行各业的精英，哪一个不是历经磨难终成大业，哪一个不是砥砺生命放射出人生的光芒。

三是守志。无论立志还是励志都不是一朝一夕、一蹴而就的，它贯穿了人的一生，无论生命之火是绚丽还是暗淡，都将到它熄灭的最后一刻。所以真正的有志者，一方面存矢志不渝之德，另一方面有不为穷变节、不为贱易志之气。像孟子说的那样：富贵不能淫、贫贱不能移、威武不能屈。明代有位首辅大臣叫刘吉，他说过：有志者立长志，无志者常立志，这话是很有道理的。

话说回来，励志并非粘贴在生命上的标签，而是融汇于人生中一点一滴的气蕴，最后成长为人的格调和气质，成就人生的梦想。不管你做哪一行，有志不论年少，无志空活百年。

这套《传世励志经典》共收辑了100部图书，包括传记、文集、选辑。为励志者满足心灵的渴望，有的像心灵鸡汤，营养而鲜美；有的就是萝卜白菜或粗茶淡饭，却是生命之必需。无论直接或间接，先贤们的追求和感悟，一定会给我们带来生命的惊喜。

徐　潜

前　言

　　"以铜为镜，可以正衣冠；以人为镜，可以明得失"，阅读名人传记可以让自己获得不同的人生经验，从他人的成功与失败中参悟人生道理，更能给人奋斗的方向和动力。

　　海明威作为杰出的文学家享誉全球，被认为是 20 世纪最著名的小说家之一。他的作品量多质优，有多部脍炙人口的作品，为读者塑造了一个个生动的形象。《太阳照常升起》、《永别了，武器》、《丧钟为谁而鸣》、《老人与海》更被称为"海明威文学殿堂的四大支柱"。1953 年，海明威以《老人与海》一书获得普利策奖，1954 年他又以《老人与海》获得诺贝尔文学奖。他以简练的语言风格横扫繁缛的英语文学，引领了美国"迷惘的一代"这一文学流派，是西方文坛的灵魂人物，在美国文学史乃至世界文学史上都占有重要地位。

　　海明威的作品与他的人生经历相互印证，密不可分，作品中的很多人物和事件都与海明威本人的经历相重合，他的一生可谓多姿多彩。他一向以"心有猛虎"的硬汉形象示人，被誉为美利坚民族的精神丰碑。

　　海明威不畏惧死亡，但是他惊恐于自己艺术生命的终结。他对待艺术的热忱让他无法割舍不断创作、不断挖掘自身潜力的欲望，但这欲望对于晚年患病的海明威来说很是奢侈。海明威之前多次受伤，这些为年老之后的病痛埋下隐患，无法写作的残酷现实让他痛苦万分，最终使他做出让人惋惜的举动。1961 年 7 月 2 日，他在自己家的客厅对着自己的头颅扣动了扳机，终年 62 岁。

　　本书再现了海明威人生之路的点滴，力求表现海明威坚强、洒脱、豪爽的性格和他充满传奇色彩的一生。

目 录

第一章 少年时光

1. 初到人间

1899 年 7 月 21 日，在橡树园北大街 439 号的一座白色的房子里，降临了一个新的生命。年轻的父母异常喜悦，孩子哭声洪亮，身体健康。母亲在给孩子准备的剪贴簿上写道："当时知更鸟正在枝头欢乐地歌唱，迎接这个小生命来到美丽的人间。"

这个孩子的父亲名叫克拉伦斯·埃德蒙·海明威，是镇上的一名医生，他身高 6 英尺，肩膀宽阔，留着漂亮的络腮胡须，看上去十分英武。在克拉伦斯中学毕业后又被父亲安森·泰勒·海明威送到奥柏林大学。但是克拉伦斯并不满意自己所学的专业，中途他转到爱丁堡大学的拉什医学院学习，在那里获得学士学位。后来他又到芝加哥鲁斯学院读书，取得了硕士学位。后来，克拉伦斯成了一名医生，并担任橡树园医生俱乐部的主席。工作之余，他经常去钓鱼和打猎。而且，他还是一位业余的小型动物和禽鸟标本的制作者，他曾经把蛇储存在盛有酒精的密封的玻璃瓶里，在他的实验室里甚至有完整的熊皮。此外，克拉伦斯还有一个爱好——烹饪，他曾经在大学期间和同学们一起去山上野餐，他用简单的炊具配上采来的野山莓做出了令人交口称赞的美食。

孩子的母亲格蕾丝·霍尔比克拉伦斯小一岁，两人青梅竹马，既是邻居又是同学。格蕾丝身材高挑，皮肤白皙，有一头漂亮的金发。她最大的梦想便是成为一名歌剧演员，她声音优美并且接受了极好的音乐教育，当时著名音乐人盖里威尔曾是她的老师，她毕业后就和大都会歌剧院签约了，但是格蕾丝的事业并没有像期盼的那样顺风顺水。由于得过眼病，格蕾丝的眼睛对舞台上的强光格外敏感，强烈的刺痛感让她在麦迪逊广场公园做完首场演出之后就不得已离开了舞台。回到橡树园后，便与克拉伦斯喜结连理。

1899 年 10 月 1 日是这对夫妇结婚三周年的纪念日，他们选择在这个特别的日子，乘飞机去贝尔湖让新生儿接受洗礼，母亲格蕾丝用自己父亲的名字给孩子命名——欧内斯特·米勒尔·海明威。

小海明威在前六个月一直和妈妈住在一起。他活泼好动，很少能够安静下来，甚至在妈妈做祷告的时候他也只能顺从地跪下待一会儿，妈妈还没说几句话他就大喊着"阿门""阿门"，让妈妈快点结束祷告。

海明威有很强的语言天赋和想象力，这和父母的教育不无关系。克拉伦斯在他两岁多的时候就给他买了整套的画册，他最喜欢的是动物漫画，当家人给他讲里面的故事时，他都会表现出少有的安静与乖巧。有时他也会自己拿着书本看，能看懂时就高兴得上蹿下跳。有一次他的脚趾被砸伤，瘀血在指甲里形成了一个黑色的斑块，他指着斑块对妈妈说那是"猫头鹰的眼睛"。小海明威还喜欢兴冲冲地给家人、女佣和自己起各种各样的绰号，他管祖父和外祖母叫作"阿爸熊"和"阿妈熊"，给自己起了"威米滋"、"欧尼"和"施泰因"等别名。他还会给大家讲关于"蒲公英"的谐音笑话。两三岁在看了关于美国西部的电影之后，海明威就经常模仿牛仔们的举动，表现出英勇无敌的样子，扛着玩具枪摇摇晃晃地踢着正步来回走动。

1905 年，海明威 6 岁。一天，放学回到家，他书包都没有来得及放下就冲到外祖父霍尔的屋中。那段时间霍尔正在养病，卧床休息，海明威经常去给外公说话解闷，这次他绘声绘色地给外公讲了一个自己的英勇事迹：在放学的路上他遇到了一匹受惊的马，路人见了纷纷躲避，只有他自己不怕，他跑到大马的旁边，使劲拉住马的缰绳就将马制服了。一个六岁的孩童怎么可能做到，这当然是海明威自己杜撰的。霍尔年轻时曾经参加过南北战争，见多识广，是一个睿智的老人，他将小海明威的心思看得清清楚楚。当着海明威的面，霍尔笑眯眯地夸奖了他，但他后来又很严肃地跟格蕾丝说，这个孩子从心底里就争强好胜又喜欢暴力，如果海明威能走正道，一定会是一个很有出息的人。

海明威平日里在学校上课，每到星期天的时候就会去父亲组织的阿卡西俱乐部。克拉伦斯利用周末把一些孩子们组织起来，带领着他们到山上认识一些大自然中的昆虫和植物。海明威在俱乐部里表现得很活跃，经常能比那些比他大很多的孩子采集到更多的标本。在他 10 岁的时候，祖父送给他一台显微镜，海明威高兴极了，每天都趴在那里津津有味地观察。

在海明威稍微长大一些之后，家里又添了两个妹妹，生活上开始有了压力。克拉伦斯除了在医院工作外，还在三家保险公司和一家乳制品加工厂做兼职医学检验员。海明威记得小时候每天早晨都会有人送来免费的牛奶，那是父亲做兼职得来的福利。格蕾丝也在家中办了一个音乐教室，很多人都把孩子送来请她教授音乐，这样一来，格蕾丝也能挣到不少钱。另外，橡树园的娱乐活动很多，每当有什么文艺表演的时候，人们就会把格蕾丝请去做指导，这也可以为家里增加一些额外的收入。

没有成为一名真正的歌剧演员是格蕾丝的遗憾，她最大的心愿是让自己的音乐梦想能够在下一代身上得以延续，所以她花了很多的心血去培养孩子们的兴趣，在孩子们都还很小的时候就对他们进行音乐方面的启蒙，并督促他们练习。她亲自教海明威学习大提琴，对他管教很严。虽然格蕾丝用心栽培但却收效甚微，海明威学了很长时间还是只停留在入门阶段，这让她大伤脑筋。格蕾丝耐心教导，可小海明威并不领情，他常常冲破母亲为他立下的条条框框去随心所欲地做自己的事情，显示自己的与众不同。他常常把大提琴藏起来，妈妈不催促决不去碰。虽然每次都会被批评却也乐此不疲。

艺术在本质上都是相通的，格蕾丝对绘画也很有研究，她经常带着自己的孩子们到当地或者芝加哥的美术馆、博物馆参观，教他们如何欣赏艺术作品。海明威虽然对练琴很反感，但却对美术很感兴趣，海明威后来结识了很多的画家，他写的绘画鉴赏水平很高，这与小时候母亲对他的教育息息相关。

1889年，克拉伦斯和格蕾丝在贝尔湖畔买下一块空地，用了一年多的时间在那里建了一个消夏的别墅。房子用上好的松木建造，共有两层，外面刷上了白色的油漆，和周围的绿树红花相互映衬，非常漂亮。房子的前面还有一个澄澈的小湖，环境优雅。格蕾丝为他们的新房子取名为温迪米尔，每当夏天的时候便会带着孩子们一起来这里度假。贝尔湖和橡树园是两个完全不同的世界。

橡树园是一个距离芝加哥仅仅 9 英里的小镇，号称"中产阶级之都"，这里的居民们大多接受过良好的教育，过着稳定且富足的生活。这里有一流的医院、商店和学校，人们都葆有自己的文化和精神，他们并不向往比橡树园发达很多的芝加哥，和芝加哥相比，这里极低的犯罪率、和谐的生活是最难得的。所以，在政府组织的多次投票中，橡树园居民都通过选票表达了对并入芝加哥的拒绝，这让他们感到骄傲。但是海明威并不喜欢橡树园，因为在橡树园的家里，所有的行为都要按照家长们的规定来做。格蕾丝总是要求海明威穿着得体，讲话彬彬有礼，做一个小绅士，这让海明威觉得很受拘束。相比之下，在贝尔湖畔的生活才是他真正愉悦的日子。温迪米尔位于密歇根州的北部，距离贝尔湖有三百英里，他们从橡树园出发，需要穿过芝加哥和密歇根湖，再经过托斯基市，换乘一次火车才能到达。在这个偏僻的乡村里，小海明威可以完全摆脱一切束缚，享受到从未有过的自由与快乐。

海明威的性格和爱好更像父亲。克拉伦斯热爱自然，有很强的野外生存的能力。他愿意将孩子们带到自然中锻炼，主张让孩子充分展现天赋，也乐于言传身教。海明威两岁时克拉伦斯就教他准确地说出《自然界的禽鸟》画册上 73 种鸟的名称；三岁时为他买了一根钓竿教他钓鱼，在他十岁生日时又送了一支猎枪。克拉伦斯支持孩子的兴趣，让孩子从实践中得到真知。每次克拉伦斯出去打猎或者钓鱼都会带上小海明威。海明威也在这方面表现出兴趣和天赋。三岁时海明威第一次用钓竿钓鱼，他竟然出人意料地将抛竿、拉竿的时间掌握得相当好，还成功地钓上来一条大鳟鱼。克拉伦斯激动地抱着他转了好几圈。

在父亲的支持下，在贝尔湖的环境中，海明威恢复了一个孩子的本色：他光着脚四处跑，在丛林中快乐地大声叫喊，跟着父亲打猎钓鱼……海明威在不知不觉中感染上了父亲勇敢的气质。他吃苦耐劳，经常和父亲一起干活，累得满头大汗。这是他最惬意的事情，他相信父亲告诉他的"流汗能洗净身体也能洗净脑筋"。后来当海明威回忆起父亲时，他总会想起那片青山、林地。

在贝尔湖的时候，克拉伦斯还经常到附近的村子里去进行义诊，为当地的村民们免费看病。村子里的住户主要是印第安人，他们都将这个身材高大、枪法精准的医生当作神明一样崇拜，并给克拉伦斯取了一个印第安人的名字"内塔克塔拉"，就是"鹰眼"的意思。克拉伦斯在那里结交了很多好友，即使没有人请他去看病，他也会到村子里找朋友喝酒。海明威也会跟着去，但是他没办法安安静静地坐下来，他经常和当地的小孩子一起打闹奔跑。在那里，他了解到了另一个民族不同的习俗，了解到他们对大自然的依附与崇拜。

小海明威在玩耍中学到很多：认得各样的鸟兽，识得各色的鱼虫，也得到了"男子汉"的认同感。大自然也教给他很多终身受益的道理。

有一次，小海明威跟随父亲去林中打猎，突然感到一阵尿急，便放下手中的鸟，对着一个粗粗的树干撒起尿来。正在系扣子的时候，他突然发现一条比水管子稍细一点的长蛇伸长头颈，要去捕捉附近一个比它还粗一倍的蜥蜴。长蛇张开血盆大口，使足劲把蜥蜴往肚中吞。那蜥蜴尽管身体已经有很大一部分进入蛇嘴，却还在奋力挣扎。每当蛇喘息的时候，蜥蜴便能挣扎着从蛇嘴里露出后腿来，但蛇一使劲，蜥蜴的后腿就又一次被蛇嘴吞没。蜥蜴的粗大和拼命地挣扎在大蛇面前都无济于事，经过十多分钟的战斗，那条蛇又把头缩到自己所窝的地方，活生生的蜥蜴仍然在蛇肚里乱踢乱跳。

大自然用生命的代价告诉这个孩子什么是适者生存，什么是胜利者和灭亡者。小海明威为眼前的这一幕所震惊，也将"强者"的概念深深地印入心底。

贝尔湖和橡树园的生活对海明威的影响就像父母对他的影响一样，清晰分明却又意义深刻，一种如水般澎湃热情，一种如山般沉稳内敛。母亲带他坚持每周到教堂唱诗班、给他筹备讲究礼仪的传统生日宴会；而父亲则在森林里教他瞄准射击、在河畔教他投掷钓竿、还教他如何在野外生火……

这两种看似矛盾的文明在海明威身上得以结合，像大鹏的左右两翼一般，陪伴他飞得更高更远。

2. 校园之星

海明威六岁的时候，在母亲的安排下和年长两岁的姐姐玛瑟琳一起进入霍尔姆斯文法学校，他也从贝尔湖畔的"顽童"变回了那个努力守规矩的"小绅士"。学校里的单调当然会让海明威感到厌倦，但他并没有选择逃避，在学习之余他还培养了很多的兴趣爱好，他热爱读书、运动、旅游和打猎。

书籍是海明威的挚友，他读书很多，有着丰富的知识储备，在与小伙伴们的分享中自己也得到了极大的快乐。有时他还不满足于单纯的故事复述而加入自己的想象与虚构，将自己作为英雄的形象加入到故事里，他爱动脑筋，追求戏剧色彩。他后来小说的特质和自己的"硬汉"、"英雄"的形象在这时已经开始渐露头角。

小孩子用不完的热情与活力被海明威倾泻在户外运动上，他健康的体格和强健的体魄让他在其他运动项目中也出类拔萃。除了每年和父母一起去度假外，他还会给自己做一些短途旅行的安排，一般都是自己一个人去。他曾经看过一套《小小旅行》的系列丛书，十分向往书中介绍的欧洲国家。1911年，海明威的叔叔韦劳必·海明威从中国回来，到海明威的家中做客。韦劳必被教会派往亚洲，在中国山西省待了八年，他对中国的描述让海明威产生了强烈的好奇心，那个古老而神秘的东方国度使这个少年着迷，也希望自己能出去游历一番。他对于外界的新奇充满了追寻的欲望，美国人的冒险精神在他的身上有明显的体现。

打猎的爱好主要归功于他的父亲，克拉伦斯是一个好猎手，海明威在长大后还记得父亲用老式猎枪一连打下五只鹧鸪的事迹，感叹父亲的好枪法，"从来未见到过有人打得像他这样好"。克拉伦斯认为是上帝给予了人类打猎的乐趣，但他并不认为动物可以随意猎杀。有一次海明威射杀了一只刺猬，让父亲很恼火，他为此狠狠地教训了海明威。

克拉伦斯有意将孩子培养成有原则有担当的人，这还体现在他对"苍鹭事件"的处理上。有一次，海明威和妹妹松妮驾着家里的小汽艇到洼地玩，汽艇惊起了一只蓝色的大苍鹭。海明威一时兴起，举枪射向那只苍鹭，苍鹭振了两下翅膀便从天空中跌落下来，他们捡起来扔在船里。苍鹭在当地是受保护的，海明威猎杀苍鹭恰好被别人看到并报告给了巡边员。巡边员找到他的家里要求海明威接受法律的惩罚，好面子的妈妈和那个巡边员争执了一段时间，把他顶了回去，海明威老老实实在家里躲了几天。当海明威认为万事大吉并沾沾自喜的时候却接到了父亲的信。克拉伦斯当时并不在家，当他听说这件事后马上写信给海明威，要求他承认错误，鼓励他要做一个勇敢的男子汉。海明威经过一番艰难的思想斗争，还是不想让自己成为逃避错误的懦夫，他最终接受了父亲的建议，到法庭讲述了事情经过。由于海明威射杀苍鹭是无知犯下的错误，所以并没有将他送进劳教学校，只是缴了15美元罚款。这件事对海明威的影响很大，直到50岁时还记忆犹新。尽管打猎惹出不少事端，但丝毫没有减少海明威的热情，打猎的爱好被一直保留下来，他的生命也离不了猎枪。

1913年，海明威和姐姐一起从霍尔姆斯文法学院毕业，进入橡树园中学读书。橡树园是一个重视教育的地方，他们就读的橡树园中学是当地最优秀的学校，环境优美，名师云集，而且这所学校很注重人文学科的学习，有很多的社团活动，还有一个专门刊登全校师生作品的刊物。海明威丰富的兴趣在这里得到满足，也真正从这里迈开了在文学创作上的第一步。

海明威好胜心强，不论什么活动课业都要争取名列前茅，尤其是自己喜欢的几门课程，更是遥遥领先。读中学的他已经渐渐摆脱儿时顽劣的影子，开始有了自己明确的志向，愿意锲而不舍地坚持和维护理想。他要求自己做的每一件事都尽善尽美，有条有理。

就是凭着这股劲头，海明威取得了让同伴们羡慕的成绩：当上了田径队的队长，取得辩论组的演说奖，成为学校管乐队、射击俱乐部和水球队的成员，更重要的是成为校刊编辑部的一名编辑，这为他以后在文学之路上的前进起到了不可磨灭的作用。在老师的印象中，他是一个在文字表达方面很有天赋的优等生。在橡树园中学里，海明威遇到了对自己帮助很大的两名老师，一位是芳尼·比格斯小姐，另一位是迪克荪小姐，她们都是校刊的顾问，负责指导、协助学生们完成校刊的各项事宜。因为海明威对英语十分喜爱并且学习用功，两位老师都很乐意在写作上给他单独指导。海明威从两位老师那里学习到了很多的英语文学的知识和写作技巧，他写出的小说比同龄人要深刻很多。

在中学时期，除了学习使海明威感到骄傲外，如春笋般生长的身体也令海明威欣喜。儿时的他与姐姐同班，虽然年龄相差不多，但身高上却存在明显的差距。那时的他身材矮小，比姐姐玛瑟琳整整矮了一头，很想参加的足球队也因为身高不足而拒绝了他。那时的海明威十分渴望长高，他每天让自己吃更多的饭，还会喝很多牛奶，并努力保持体重。他的不懈努力让这个愿望在升入中学的第二年终于实现了。过完 14 岁生日后的暑假，他的身体平均每月都长高两厘米，等到开学的时候，大家都不敢相信这个是曾经的欧内斯特·米勒尔·海明威。

他看起来已经比别的同伴高大结实很多，这给了他更多的自信，对于新奇的事物都跃跃欲试。一张拳击俱乐部纳新的海报让他觅到了新的方向。他找到父亲表达自己想报名的想法，他知道只能将父亲作为突破口，如果直接跟母亲商量只能让计划夭折。果不其然，这个想法遭到了母亲格蕾丝的强烈反对。她不同意自己的孩子去参加一项"令人厌恶又野蛮的运动"，而且还会因此耽误功课和音乐的学习。好在父亲克拉伦斯投了赞成票，经过他们的努力争取，海明威终于可以接触拳击了。

但是他的拳击课进行得并不顺利，第一节课就差点成为他的最后一节课。拳击课教练安排新生和老生来个简单的练习，找找感觉，教练给海明威安排的对手是一个实力很强的拳击手——杨·奥赫恩，他后来成为拳击冠军的争夺者。教练嘱咐他们先试着轻打，好让作为初学者的海明威有个学习、适应的过程。但是海明威的求胜心在拳击场上被点燃了，他对教练的叮嘱置若罔闻，将一场练习变成了比赛。海明威的猛劲让对方也不甘示弱，拳击打斗越来越激烈。片刻之后，海明威狼狈且满脸血污地瘫倒在地，他的鼻子流了很多血，累得连擦的力气也没有了。他的同伴问他为什么要这样、怕不怕。海明威回答他，自己早知道打不过对方，但还是要试一试，自己还没有怕到不敢出手。

打了绷带贴了纱布的海明威依然坚持来拳击俱乐部，曾经一起报名的几个同学已经放弃了。在以后的两年里，海明威一直坚持苦练。有一次头部遭到撞击甚至严重影响到了视力。格蕾丝十分心疼儿子，说什么也不让海明威再进入练习场，她担心年轻气盛的儿子会在拳击场葬送青春。但海明威依然倔强地坚持着，能在拳击场上学到本领，受再多的伤他都甘之如饴。海明威说"拳击教会我决不能躺下不动，要随时准备再次跃起"，可见，拳击练习不仅仅使他的身体变得强健，更重要的是他的内心也跟着强大了。

1914 年，15 岁的海明威在圣诞节的时候带了一个女孩子回家，女孩名叫朵拉丝·戴维斯，是他新结交的女朋友。格蕾丝当时在日记里写道："他带一个女孩子回家，这还是第一次，而且欧内斯特已经开始注重自己的仪表了。除了给自己买了一条时髦的筒裤之外还系了一条领带。"海明威经常和朵拉丝一起出现，上课、吃饭、看篮球比赛等。那些没有女朋友的男同学都会羡慕又兴奋地关注他们。

青春期的少年总会做一些让他们能够铭记一生的事情。在高中即将结束的时候，发生过一件事情让海明威难以忘怀。一天晚上，他和好友杰克在河边露营，当他们熄灯准备睡觉的时候，突然有一群人冲进他们的帐篷将他们所有的东西悉数拿走，还割断了帐篷的绳索。海明威之前看过新闻报道，知道这段时间橡树园来了一群强盗，他们经常打劫财物，有时还会伤人性命，海明威第一反应就是遇到了那伙人。他和杰克一起拼命向他们追去，杰克先抓住了其中的一个人，海明威则继续向前跑，想要抓其他人，夺回自己的东西。海明威将手里的刀向他们其中一个人扔去，那把刀擦着那个人的脸过去了，没有击中。海明威追上之后与对方的几个人打斗了很久，最后因寡不敌众败下阵来，被那几个人扔进了路旁的一个烂泥坑里。当海明威狼狈地挣扎着从泥坑里站起来的时候，耳边突然爆发出一阵笑声。那几个人陆续将帽子摘下来，原来是海明威班上的几名同学，他们在一个聚会上商量出这个恶作剧的主意。后来学校知道了这件事严厉地批评了搞恶作剧的几个人，还在学校的校报上点名警告。想想也确实很可怕，如果当时海明威扔出的那把刀真的击中同学该怎么办呢？海明威后来想起来还是心有余悸。

海明威不仅在学校里叱咤风云，有一群崇拜者，还曾经在整个橡树园名噪一时。1917 年 2 月的一天，学生都在食堂吃午饭的时候，三个女生居然贪图好玩，坐上了食堂运送蔬菜的升降机。她们本来想等着升到二楼的时候就跳下来，结果因为无人操控，升降机在二楼没有停，一直往上走。升降机的顶端是一个巨大的滑轮，海明威看到了危险，放下手中的餐具就向那边跑。可是他自己一个人根本拉不住升降机，自己也被带了起来，他大声喊着让别的同学过来帮忙。后来又从食堂各处赶过来四个男生，他们一起控制住还在上升的机器。海明威设法卡住了低处的一个滑轮，使它不再继续上升。大家一起将那三个惊慌失措的女生接回地面，他们终于安全了。几天后，橡树园镇的刊物《橡树叶》上刊登了这次事件，海明威一时成为大家心目中的小英雄。

在学校里的海明威总是能得到很多的关注，像一个闪闪发光的明星，他自己也很享受这种被注目的感觉。

3. 小试牛刀

上学的时候，海明威成绩最好的就是英文，他的作文经常被老师当作范文在班里朗读。他也常常参加一些作文比赛，获奖是极平常的事。

10岁出头，他就写出了一首诗，题目叫《公开赛——第一局》，这是他看过一场棒球比赛后的随想。这首诗充满孩子气，以"这群无能的人停下来，这一局足够了"结尾，节奏明快，显示出他活泼的性格。但是写诗并不是海明威所擅长的，他的散文更能获得别人的赞赏。

他之前写的东西主要是发表在校报《高秋千》上的一些通讯报道或者简单的日记样的小散文，从16岁的时候起，海明威开始写小说。他将家中的打字机放在三楼，避开家人的干扰，每天都在打字机前写很长时间。刚开始时他写东西是为了自娱自乐，写完的东西会读给朋友们听。但是后来，他似乎也越来越肯定自己在文学创作上的才华，也渐渐确定了发展自己才华的方向。海明威后来成为校刊《书写板》的编辑，也是《书写板》的主力写手。在不到一年的时间里，他就发表了大概二十四篇小说。这些小说已经不同于他之前写的那些孩子气的小文章和诗歌，文学性更强一点，在风格上就让人眼前一亮。

《自然神的裁决》是刊登在1916年2月份《书写板》上的一篇短篇小说，是海明威早期作品之一。小说写的是发生在密歇根北部森林里的一个连环人命案。一个印第安人比尔误以为是他的一个白人朋友偷了他的钱包，十分气愤，便在朋友经常路过的小道上设了陷阱，结果后来他发现钱包是被松鼠拽走的，他连忙赶过去阻止朋友走那条路，可是为时已晚。他在自己挖的陷阱里找到了朋友的尸体，而且尸体已经被野兽吞食过了。他面对自己犯下的大错后悔莫及，找到一个猎人捕熊的陷阱纵身跳了下去。这就是印第安人所信奉的自然神对那些不信任朋友的人的裁决。文中所描写的印第安人的生活场景都是根据他在贝尔湖生活期间对印第安民族的观察写成的。

1916 年 4 月份的《书写板》上刊登了他的另一篇小说《赛比·金安》，赛比·金安是一条狗的名字，他的主人比利·塔贝肖是一个印第安人，他的哥哥被恶棍保罗杀害，比利一心想为哥哥报仇。他两年来一直带着自己的狗赛比·金安跟踪保罗，却被恶人保罗发现了。一天，当比利正在走路的时候被保罗一下子击倒。保罗扬言要把比利和狗一起杀死扔到沟里，但聪明的赛比·金安和他斗智斗勇，终于将保罗打倒。这篇小说发表后在橡树园中学引起了很大的反响，使海明威名声大震，也算是高中时代分量很重的作品之一。

海明威经常读一些世界文学大家的作品，并有意学习和模仿，在《自然神的裁决》中我们能看到吉普林的《通道的尽头》中描述的双重死亡；通过《赛比·金安》我们能看到杰克·伦敦的冒险与复仇。在他的另一篇小说《关于颜色的问题》中能够看到欧·亨利的影子。

《关于颜色的问题》写的是拳击场上的故事，这应该是海明威在练拳击的过程中捕捉到的灵感。白人唐摩根和黑人甘斯要进行一场拳击比赛，作为裁判的鲍勃断言唐摩根一定会赢，所以比赛前下了很大的赌注。鲍勃跟搭档斯韦德说好，让斯韦德站在幕帘的后面，一旦唐摩根把甘斯推到这边，他就用垒球棒将甘斯打倒，这是他们经常干的勾当。但是这次斯韦德却失误打错了人，结果他们的阴谋没有得逞。鲍勃恶狠狠地训斥斯韦德是怎么搞的，结果斯韦德说："抱歉先生，我患上了色盲症。"

他的小说也许写法还比较稚嫩，但构思巧妙，结构简明，用词凝练，并且已经开始出现个性化的特点，比如对暴力题材的关注、对话体的应用等。后来，他的很多作品也渐渐走出橡树园中学校刊的领域，刊登在芝加哥《论坛报》等较大的刊物上，得到越来越多的人的认可。

海明威的优秀也让他成为伙伴中当之无愧的领导者。他的一个同学在多年后回忆起中学时代的海明威时，还提到他让人佩服的写作与演讲能力，用了"与众不同"、"老练"与"真挚"来形容他。

1917 年 6 月 8 日是海明威与姐姐玛瑟琳从橡树园中学毕业的日子。海明威在橡树园中学收获了成长，毕业时节，他带着满满的自信走进到处都是鲜花与彩带的礼堂。他作为毕业生中的佼佼者，被选出来做毕业典礼上的演讲。他激情澎湃的演讲将现场的气氛推向高潮，得到大家的掌声与赞赏。校方代表郑重地为一百五十名毕业生颁发了毕业证书。

毕业的欢愉弥漫在海明威家，姐姐玛瑟琳选择进入奥柏林学院学习音乐，母亲格蕾丝终于如愿以偿。而 18 岁的海明威却不愿选择继续读书的道路，针对海明威的前途一家人又开始了争论与探讨。

命运之神会如何规划欧内斯特·米勒尔·海明威的人生之路呢？

第二章　走出校园

1. 年轻的记者

　　1914 年，欧洲大陆首先爆发了大规模的战争，后来随着战争地域的扩大，参战国家的增多，最终演变成了第一次世界大战。战火并没有烧到美国，最初美国政府不想介入欧洲事务，蹚这潭浑水。在比较封闭的橡树园里，人们感觉战争仿佛远在天边。1914 年，美国政府出于对本国安全的考虑，把包括四十五名橡树园居民在内的几万美国公民从欧洲接了回来。别处的征战厮杀丝毫影响不到这里的一派平和，孩子升学、举办舞会、组织禁酒协会依然是橡树园居民们最关心的问题。

　　海明威从高中毕业之后面临升学，克拉伦斯和格蕾丝像很多家长一样为他的学业再三考虑。橡树园中学是当时实力很强的学校，三分之二的学生都能够上大学。海明威是学校的优秀学生，以他的实力一定能够上一所好大学，校方也愿意保送他去伊利诺伊大学，但是海明威没有答应。克拉伦斯希望海明威能和很多海明威家族的人一样选择奥柏林学院，海明威没有同意。在他的心里其实有另外的打算。

考虑到国际形势的变化和自己国家的利益，一直作壁上观的美国在 1917 年 4 月正式对外宣战，加入到第一次世界大战中。这恰好是海明威从高中毕业那年。美国政府向全社会广泛征兵。当时整个国家的爱国热情和强烈的民族自豪感被无线广播中的"拯救国家和民主"的口号鼓舞起来。宣战一周后，橡树园的人们为美利坚高歌，也举行了大型的集会和征兵活动，在橡树园掀起了从军热。征兵的公告贴满大街小巷，热血的年轻人纷纷应征参军，漂亮的影视明星们为这些参战的勇士们送行，举办一场又一场的演出。"军人"的巨大光环以及帅气的军服对于年轻人有着难以言表的吸引力，但对于海明威来说，更吸引他的是在枪林弹雨中的刺激与兴奋。

海明威的祖父和外祖父都是参加过南北战争的战士，祖父安森·泰勒·海明威还被林肯总统亲自擢升为少尉。曾经的英勇岁月和战争在他们身上留下的伤痛都成为让他们骄傲的资本。海明威儿时在他们膝头听过的战争故事让他对戎马生涯神往不已。于是中学毕业后，从军便成了他的第一选择。

海明威瞒着父母和几个同学一起到募兵局报名，不满十八周岁的他还谎报了自己的年龄。他一向对自己的健康颇为自信，却在体检的时候被排除在外了——他那只曾经受过伤的眼睛在视力检测的时候没有通过。医生不可能让一个视力不合格的人去战场面对子弹枪炮，这也是对海明威的一种保护。可是在海明威看来，他儿时的愿望、难得的时机就这样从身边溜走了。

他伤心了很久，伤心的直接原因是参军失败，根本原因是他还是没能让别人看到自己已经完成从男孩到男人的转变。十几岁的少年在父母的眼中还是孩子，但他们自己总是急于摆脱"孩子"角色的。海明威做过很多在父母看来都很出格的事情，他十二岁时就开始喝酒，到十七岁时就放出豪言"海明威，酒满杯"，他还和同伴们一起抵制橡树园的禁酒令。他们的叛逆与不羁都是为了挣开父母的牵绊，但是他们不知道这样只会让父母投入更多的关心。

当兵的梦想破灭之后，海明威还得面对人生之路的思考。海明威一家为了他的前途问题已经讨论多次了，父亲希望儿子能够攻读医学，但是海明威的态度很坚决，说什么也不愿意再按照父母的安排行事了，但是自己在工作方面也没有头绪。这时克拉伦斯联系到了海明威的一个叔父泰勒，他在堪萨斯城做木材生意，和堪萨斯城《明星报》的亨利·哈斯科尔交情甚好。在叔父的推荐下，亨利·哈斯科尔对海明威很感兴趣，表示到秋后人员调整变动的时候可以给海明威一个机会让他试一试。

这对于一个迷茫失落的少年来说真是一道曙光，橡树园给了海明威良好的教育，使他得到成长，但毕竟太小了。海阔凭鱼跃，海明威终于可以离开橡树园，走到更广阔的世界里去。

事情有眉目之后还需要等待，这个暑假海明威过得并不轻松。全家人一起到贝尔湖度假，格蕾丝带着年幼的弟弟和女孩子们坐船过去，海明威和父亲轮流开着家里的福特轿车，因为路途远，他们需要带着帐篷沿途留宿。一路颠簸劳累的海明威到了目的地之后还没休息好，就被父亲安排到农场里干活了。因为父亲前一段时间做过手术，所以农田里的活大部分都归海明威干。他们拆掉了一间矮小的平房，在原地新建了一个储存冰块的屋子，之后又在菜园里种上了一些生长期短的蔬菜，好在这几个月里食用。克拉伦斯还让海明威将山坡上的杂草除掉。每天他都是累得腰酸背疼，叫苦不迭。

不过他在这个夏天认识了一位好朋友，是普林斯顿大学的学生卡尔·埃德加，他在暑假的时候来到了贝尔湖。埃德加当时喜欢上了海明威的邻居凯蒂·史密斯，经常找各种机会来找海明威好接近凯蒂。其实海明威和隔壁的一家人不是很熟，他只是每年夏天才来这里。但是热心的海明威愿意帮助埃德加，帮他想主意。慢慢地他们都成了好朋友，凯蒂的哥哥肯利也加入到他们之中。几个年龄相仿的孩子经常在一起玩耍，他们也会帮助海明威干活，这让海明威轻松了很多。他们一起钓鱼、游泳还一起讨论各自喜欢的书和作家。

暑假过后，他们三个人都陆续离开，只剩海明威自己。他又开始了格外郁闷的生活。为了避开父母的唠叨，海明威经常在农场里过夜，或者背着帐篷到别处留宿。他急于离开这个环境和这种生活。当泰勒叔父给他来信让他准备动身时，他就迫不及待地踏上开往堪萨斯城的火车。但是坐在火车上的海明威发现自己也许没有想象中那么高兴，当他看到车窗外的父亲时，心里还是酸酸的。

那时的堪萨斯城有几十万人，是一个鱼龙混杂的地方，到处充斥着堕落：贩毒、赌博、暴力、卖淫等，即将送往欧洲的战士们也在这里作最后的狂欢，闹得乌烟瘴气。海明威保持着清醒，对于毒品、赌博和混乱的两性关系都采取"看而不碰"的策略。

在海明威到达堪萨斯城的第二天，泰勒带他来到了位于1800大道的《明星报》报社。泰勒的朋友哈斯科尔接待了二人，随后把海明威带进了办公大厅。位于二楼的办公大厅里面有很多位记者、编辑、专栏作家，一台台打印机放在一排排的桌子上，吐出一张张纸。这个场景让海明威感受到了很大的震撼。

　　报馆分派给他的任务是采访市内有关社会治安的新闻，每周的薪资是 15 美元。他需要不断地进出派出所，采访犯罪新闻；还要到医院去，去核实关于犯罪的准确信息，有时他还需要秘密跟踪，寻找新闻。新工作带给他的刺激取代了征兵失败的阴霾，在短暂的适应期过后，他克服了作为新手的生涩，将热情投入工作，干劲十足，更加努力。他总是精力充沛，时刻准备着钻进救护车和消防车前往现场勘察，在法庭审理案件时他也要坐在前排，从而能够掌握第一手的资料进行报道。他一刻不闲地工作，四处采访寻找素材，一旦找到，就回到报社飞速地敲下。他的工作效率很高，写完之后便又乘车出去。海明威很少留在办公室里，大家有什么问题要找他总也找不到，让老板很恼火，明明派他去医院进行一个采访任务，过去找他时他已经乘着救护车到别处去了。

　　叔父泰勒的家是一个三层的楼房，完全有充足的地方供海明威住，但是海明威不喜欢住在叔父的家中，那里的感觉太像橡树园了，种种拘束让他很不开心，而且父母也总是打电话过来向泰勒打听海明威的情况，海明威总有一种处处被监督的感觉。当他领了第一个月的薪水之后，就以工作地点太远的理由从叔父的家中搬了出去。在离报社不远的地方租了一个住处，那是一个老式房子的阁楼，又阴暗又狭窄。每个月他只挣 60 美元，需要花 30 美元付房租，还要支付其他各项支出，生活并不宽裕，但他也心甘情愿。

　　当时天花等流行病正在堪萨斯城肆虐，即使这样也挡不住海明威外出。有一次他在去往医院的路上看到一个晕倒在路边的人，这个人得的正是天花。海明威知道自己已经种过牛痘，不会被传染，便把他抱到出租车上送到医院，还提醒出租车司机给车消毒。

在《明星报》海明威提高的不仅是实践能力，还有文章的写作手法。《明星报》的主编威灵顿是一个高手，也是海明威佩服的少有的人之一。他对于《明星报》的记者们提出了很严格的要求，多达110条，印成《工作手册》发给每一名员工。其中最重要的一条是他要求记者们不能使用过于华丽的形容词，只需要记叙事件即可，如果用了则会被无情地删掉。他告诫海明威写稿时不要形容词、不要议论，要保证报道的真实可靠，不能说"漆黑的乌鸦"、"大的悲剧"，因为所有的乌鸦都是黑的，所有的悲剧都是大的；老掉牙的俚语不能用，俚语必须令人耳目一新等。通常对规则不屑一顾的海明威对报社的这一规定却十分赞成并且认真遵守了。报社的这种简洁明快的原则也渐渐演化成海明威自己的创作风格，一直保留在他的作品中。海明威后来回忆这段记者生涯的时候，他说是威灵顿让他学会了写作，告诉了他写作的规则。

在报社的七个月里海明威从老记者和编辑身上学到了很多，也结识了很多好友，他乐于助人、仗义的性格很受大家的喜欢。有一次，他和一个朋友在报社附近的一家小酒馆里吃饭，邻桌一个大汉趁着醉意向海明威的同事说一些带侮辱性的挑逗的话，后来甚至走过来拨弄他的领带。海明威的同事身材矮小又性格腼腆，在那个人的面前丝毫不敢还手。海明威气不过，一个拳头打过去将那个无礼的大汉打了一个趔趄，打第二拳的时候被那人躲过了，自己的手打在一面玻璃上，将玻璃打碎了。那人看形势不好慌忙逃走了，海明威的手被破了的玻璃划出一道道的口子，鲜血直流。

海明威在报社还交到一个好朋友，名叫西奥多·布鲁姆巴克，也在堪萨斯城《明星报》做记者。布鲁姆巴克在康奈尔大学读书时酷爱打网球，一次运动中被反弹的球打中眼睛导致失明，他一只眼睛是假的。但是让海明威震惊的是布鲁姆巴克是刚从欧洲前线回来。一个残疾人怎么能到前线去呢？原来布鲁姆巴克参加的是美国战地的服务队，为部队开了四个月的救护车。海明威很羡慕，这让海明威看到了希望：视力有问题上不了前线，却可以参加红十字会。这虽然和自己最初的想象有所差距，但毕竟可以走进战场，在枪林弹雨的战场上驾驶着标有红十字标志的救护车也是一件挺过瘾的事。恰好布鲁姆巴克也很想再次回到欧洲，于是，1918 年 1 月，当意大利红十字会招募新成员时，海明威和布鲁姆巴克一起在报名表上签上了自己的名字。4 月底的时候，他们接到了 5 月 13 号去纽约总部体检的通知。海明威领了报社的工资后先回到了橡树园，他想在出发前的一段时间能和家人在一起度过。

2. 死里逃生

5 月 13 日的时候，海明威和来自全国的 70 多名志愿者聚集在纽约，他们被安排在华盛顿广场的艾尔饭店，布鲁姆巴克和海明威分在一个房间，他们的食宿费由红十字会支付。

海明威通过了体检，被任命为陆军少尉派往意大利参加野战救护队。他终于穿上了梦寐以求的军服：一件高领高襟的外套、一条灯笼裤、一顶军帽，他还用自己在报社的工资买了一双高级皮鞋来与之相配。摸着军服上少尉的军衔标志，海明威心里别提多高兴了。不满十九岁的海明威是队伍中年龄最小的一个，却长得高大帅气。他们在出发前要进行思想教育，学习一些专业的技能还要注射各种预防性的药物。在闲暇的时间，这一行人会把新军服穿戴得整整齐齐，走上纽约的大街，接受人们热情的接待和注目，他们参观伍尔沃斯塔，参观自由女神像，度过了一段开心的日子。5月17日的时候，他们还在第五大道受到时任总统威尔逊的接见。

5月23日，海明威所在的红十字会志愿者被送上一艘法国游轮"芝加哥"号，开往弥漫着硝烟的欧洲。堪萨斯城的《明星报》还用大幅的版面刊登了本社两名记者投笔从戎的消息。这也使海明威更加渴望投身战场，建功立业。去往欧洲的路上风暴不断，船不停地颠簸，船上的人们都是吐了又吐。他们并没有像海明威期盼的那样遇到德国潜艇的袭击，好直接参与战斗。大多数时间他们都是在甲板上、船舱里打牌、喝酒、聊天。经过几天的航行，"芝加哥号"终于安全抵达法国波尔多港，但海明威却因为没有发生令人激动的事而觉得"上了当"。队伍在海港做了简单休整之后又转乘火车，连夜前往巴黎。

法国的高级军官迎接了这些年轻的美国士兵，对他们的勇敢无私表示崇敬。巴黎当时正在受到德国远程大炮的攻击，目的在于摧毁法国人的士气，街头时常会有炸弹炸裂。虽然巴黎还没有成为战场，却已经有了战争的声音和氛围。海明威和布鲁姆巴克像两个寻找重大新闻线索的记者一样兴奋地拦下一辆出租车，冲向"炮弹落下的地方"。他们听到了炮弹落下的声音，看到街道上被炸弹炸出的大坑，他们打算写一篇报道给《明星报》，让堪萨斯的人们吓得瞪眼睛。他们付了更多的钱，让出租车司机把车开到离炸弹爆炸点更近的地方，玛德莱纳教堂的前门石柱被炸碎，石块从他们身边、头上迅速飞过。真是惊心动魄！但是，这种看热闹的心理很快就厌倦了，暂时的刺激过后，海明威还是希望能够早日到达前线。"这简直叫人不耐烦，"海明威总是抱怨，"为什么还不赶快把我们送到前线去！"

几天后，队伍终于再次出发，他们乘坐火车来到意大利的米兰。刚到米兰的他们就接受了战火的洗礼——临近伦巴第乡村的一个军火工厂爆炸了，他们乘坐运兵的大车赶到事发现场，他们中有的负责灭火，控制火势的蔓延；有的负责抢救挪运尚未爆炸的军火；海明威和其余的一些人要负责搬运被炸得血肉模糊的尸体。人的肉体被炸药爆炸的气波撕裂，到处都是残肢断臂，最完整的尸体是一个没有头颅的女尸，很多尸体已经无法判断性别甚至无法判断出是身体的哪一部分，那些挂在铁丝网上的残骸他们只能用带钩的小铁棍一点点地清理。这对于以前只用猎枪射击过小鸟和小型动物的海明威来说是颇有心理压力的。一块块破碎的皮肉，一摊摊尚未凝固的鲜血以及弥漫在空气中浓重的血腥气——战争就这样逼近海明威。

在这项任务完成两天后，他们终于等到了自己最终的任务。一百多名志愿者被分为二十五组，前往各地。海明威所在的第四分队分配到斯奇奥。斯奇奥是一个有些落后的小村庄，生活条件很差，只能吃上一些面食和偶尔打到的野味，它距离战场只隔着一座叫作苏比奥的山。

为了度过这种艰苦条件下的生活，乐观的年轻士兵们把这里改造成了斯奇奥俱乐部，还以海明威为主力办了一份叫作《斯奇奥》的简易报纸。稿子大多都是用海明威借来的一台旧打字机敲出来的，当稿子足够时，就到附近的小镇排版印刷。工作闲暇的时候，他们就在"俱乐部"里比赛打球或者到河里游泳，有时也会到别处的小分队里看一看认识的同伴。他们经常在战斗终止的时候，穿过蜿蜒曲折的山路，到山的另一侧捡拾一些战利品，如卡宾枪、刺刀、手枪、钢盔等，没有经历过战场的年轻人对这些都很感兴趣。

在斯奇奥的四个星期，海明威开着破旧的军用车去运送伤员，那辆车仿佛一头年迈的老牛一般，开起来很不顺畅。小分队分为四组，不是很忙碌，闲暇让海明威又一次不满，正如他给威灵顿的信中所说的那样，他极度渴望上战场。后来机会终于来了。军队决定成立几个流动的战地服务站，前线的战士在轮换后可以到服务站休息一下，吃顿饭或者给家人写一封信。服务站的工作人员还需要负责把巧克力、香烟、口香糖等物品送到前线士兵那里。海明威很向往这个能和前线产生联系的工作，赶紧报了名，经过领导的筛选，海明威终于如愿以偿地得到了这份工作。

6月底，海明威和其他几名队员一起到威尼斯北部的小城麦斯特，他们要工作的服务站就在那里。流动服务站的检察官詹金斯·甘布尔毕业于耶鲁大学，36岁的他对这几个年轻人很照顾，给他们放了几天假，让他们四处走走熟悉一下。这几个美国的志愿者可以和意大利的军官们一起吃饭，在那里海明威结识了很多优秀的人，谈吐之间都能感受到一股英气。他还在那里认识了一位随军牧师唐·朱塞佩·比安基，随和的牧师像家里的长者，没事的时候就会和海明威他们聊天，让他们懂得很多人生的道理。海明威对这位牧师的印象很深刻，在他后来负有盛名的作品《永别了，武器》中所描写的牧师形象就是以比安基为原型的。

他们到达麦斯特的前几天，货物还没有运来，海明威和同伴们在这里也是无所事事，每天都要忍受山里的蚊子持续不断地干扰，夜里还能清晰地听到桑树上蚕吃桑叶的声音。同伴霍恩很后悔过来，如果待在斯奇奥最起码还能开上救护车。不过海明威利用这段时间写了一篇小说《我躺下》。后来货物源源不断地送进来，海明威每隔一段时间就要出入一次前线。他常常在野战背包里装满巧克力、香烟，一边发东西一边说上几句鼓励的话。

黑夜来临的时候双方的战争基本上处于间歇期，紧绷了一天的神经可以稍稍放松一些。海明威这时会坐下来和战壕里休息的士兵聊天，士兵们也很喜欢这个开朗健谈的美国小伙子，他蹩脚的意大利语常引得他们哈哈大笑。可是在 7 月 8 日的那天晚上，奥军并没有像往常一样休战，而是向着意大利军队的阵营发射了一种榴霰弹。这是一种杀伤力很强的武器，直径大约四百二十毫米，里面装满了炸药和铁片，只要碰到硬的物体就会爆炸，铁片会在炸药的作用下飞速运动，变成无数利器。奥军发射榴霰弹的声音能够听得一清二楚，随即一阵白光伴着一声巨响，榴霰弹爆炸了。海明威被炸弹震开时，头撞到了一个大石头，巨大的声响和强光让海明威一时间失去了听觉和视力，眼前都是许多白色的、绿色的火星。慢慢地，当各种感觉开始渐渐恢复的时候，他看到身边的尸体，有一个被炸掉了双腿，另一个被削去了面孔。海明威还注意到一个受了伤的意大利士兵，他在地上痛苦凄凉地哭喊着。海明威想站起来去扶他，却只觉得自己的腿沉重得无法动弹，软得像面条一样，靴子里似乎灌满了热水。过了很久海明威才算真正地清醒过来，他费力地把伤员扶起，让伤员趴在自己的身上。敌人的枪弹密集如雨，两个受伤的人只能缓慢挪动，当海明威的膝盖和腿被敌人射来的子弹击中之后，他们便只能匍匐前进了。

不知过了多久，也不知他们怎样艰难地走过了危险地带。海明威在到达军营之后就晕了过去，昏倒之后大家把他们送到了最近的救护站。其实那救护站就只是一个被炸掉房顶的屋子，救护站人员紧缺，物资也很有限。医生看到海明威身上的伤口都惊呆了，他的身上一共有二百二十七块铁片和子弹，伤口都在不停地冒血。海明威和那个他救过来的伤员一直处于昏迷状态，医生甚至请来了神父为他们的离世做涂油礼。那个伤员最终也没能再次睁开眼，海明威倒是醒来了，医生开始给他动手术。由于医疗条件的限制，医生只能取出 28 块，其他的都得交给战地医院了。手术的麻药劲过了之后，海明威被全身上下上百处的伤口带来的剧痛折磨得死去活来，浑身大汗淋漓，把床单和褥子都湿透了。

经过初步治疗后海明威被转移到特莱威索的野战医院，后又被转移到米兰的一所美国红十字会医院。医生在检查了他那千疮百孔的腿之后建议将右腿切除。海明威听到后坚决反对，他大声嚷着，宁可死了也不能只有一条腿，他绝不会撑着一根木棍走路。

医生先后为他进行了 13 次手术，大部分弹片取了出来，但仍有一些留在体内让其自行排除。他的膝盖骨也被打穿，换了一个用白金做的假膝盖，海明威幽默地说"比原来的还好用"。他强健的体魄和乐观的精神帮他挺过了这一关，经过一段时间的休养，海明威原来被打得千疮百孔的腿竟保住了。8 月份时他可以自己摇着轮椅到四处逛逛，到 9 月份的时候就能离开轮椅拄着拐杖走了，但是右脚还穿不上鞋子。他每天都坚持散步，医生告诉他这样可以使腿上的肌肉尽快恢复，所以不管多疼他都会到楼下的花园里散步，每天争取比前一天走得远一点。他的努力和坚持也很快得到回报，10 月份的时候，他拄着一根手杖，虽然还是走得一瘸一拐，但是已经能够到医院外逛街了。这比医院的估计少了半年的时间。

3.　初入情网

伤腿的恢复当然离不开护士的悉心照料。

红十字会医院位于米兰纽佐尼街 19 号的一座大楼里，那个大楼建得很早，但是很气派也很漂亮，有自己的庭院和大门，距离教堂也很近，带有明显的欧洲风格。美国当时还没有对奥宣战，意大利战场上的美国士兵很少，所以美国红十字会医院的病人不多，只有不到十个人，但护士就有十八个。大部分伤员是意大利的军官，海明威是在意大利战场上受伤的第一个美国人。生性乐观幽默的海明威自然得到护士们的喜爱，护士们对海明威都会格外照顾，同病室的室友也很喜欢这个健谈的小伙子。

海明威在生病期间专门负责照顾他的是一名中年护士，名叫艾尔西·麦克唐纳，她像母亲一样呵护着海明威，还经常开玩笑管他叫"打坏了的玩具娃娃"。当海明威不守医院规矩地晚睡、打扑克、偷偷喝酒时，她都会替他辩解掩护，却会私底下批评他，埋怨他不好好照顾身体。麦克唐纳还自愿陪海明威到大医院做检查，拍 X 光片，观察弹片的位置，好让手术顺利进行。海明威对她也十分敬爱，虽然也经常和她开一些玩笑，在上手术台前还对麦克唐纳说，如果自己在手术台上死了，就让麦克唐纳来继承他的抚恤金、保险费，以及那双沾有他鲜血的靴子。麦克唐纳又感动又担心，流着眼泪安慰他。手术顺利结束后，她兴奋地替海明威给父母打了电话报平安。

在医院疗养的这段时间，海明威坠入了情网。在 1918 年 7 月 21 日海明威 19 岁生日那天，医院为他举办了生日派对，在派对上他认识了护士艾格尼丝。艾格尼丝之前被另一所意大利医院借调走，照顾一位英国军官，7月中旬刚调回到红十字会医院。海明威第一眼看到艾格尼丝就被她窈窕的身姿和一头漂亮的头发所吸引。艾格尼丝的父亲是德国人，母亲是一位美国将军的女儿，她本人不仅漂亮优雅而且性格爽朗明快，思维敏捷，很受伤员们的喜欢。但是海明威不敢鲁莽地表达对艾格尼丝的爱，因为他知道，他的室友西瑞纳正在追求艾格尼丝。西瑞纳是一个意大利的军官，是个战斗英雄，在战争中被射中了一只眼睛导致那只眼睛的永久性失明，还瘸了一条腿。艾格尼丝并不喜欢西瑞纳。

从认识后，艾格尼丝开始留心照顾海明威，每次查完房或者工作中不忙的时候会在海明威的病房坐一会儿，陪他说话。海明威的幽默和渊博常常令她笑得合不拢嘴，艾格尼丝也渐渐倾心于这个年轻的小伙子，两人终于进入恋爱阶段。艾格尼丝26岁，海明威才19岁，艾格尼丝像照顾弟弟一样处处关心他，私底下称他为"娃娃"，海明威则称她为"娃娃夫人"。他们一起出去游玩、吃饭还去看赛马。虽然他们下赌注的马从未跑赢过，但却为他们增添了不少乐趣。这是他第一次真正陷入情网，炽热的感情让他恨不得一直守在艾格尼丝身边。

8月18日，海明威又做了一次手术很成功，他给家中写信介绍自己现在的情况，也把受伤的经过渲染了一番："我身上中了二百二十七块弹片，但是当时一点都没有感觉到疼。只是觉得膝盖在不停地颤抖，敌人射过来的子弹射在膝盖上，像被雪球打中了一样。两只脚像穿在灌满水的胶鞋里。我救下的那个意大利士兵一直在我的背上，他的血流了我一身，整个衣服就像是有人在里面做草莓馅的果子冻。我走到一个防空洞里，所有人都以为我不行了，他们脱掉我的上衣发现我竟然没有受伤。他们让我自己看看腿伤，其实我不敢。他们帮我褪下裤子，我看到了正在冒血的伤口，不过幸好，腿还在。医生和战友们都很震惊，不知道我是怎样在膝盖被打穿的情况下背着伤员走过来的。其实我也不知道，我跟他们说这不算什么，任何一个美国人都会这么做的。"海明威还在信中说："你们不用担心我，我这次又活过来了，我会继续做这件神圣的事，我正是为了这个目的才来的这里。"这封信最终在《橡树叶》上刊登了出来，后来，《芝加哥晚邮报》还根据信的内容改编成故事，以整版的篇幅来报道他的英雄事迹。海明威在医院里收到了很多从家乡寄来的信。

在伤口快痊愈的时候，海明威接到了约翰·米勒的邀请，邀他去马焦雷湖叙旧。约翰是他在"芝加哥号"上认识的战友，他们交谈甚欢，分别时还相约再见。虽然海明威很想和艾格尼丝在一起，却也不好撇开朋友，便答应赴约。马焦雷湖的风景优美，气候宜人，他和米勒很休闲地读书看报，泛舟游湖。他在那里结识了一些人，业余政治家康特·格雷比就是其中的一位。他们三人一起谈论文学、谈生活、谈政治，康特对当时政局的分析让他们大开眼界。海明威说，是康特让他开始懂得政治与时局。他们一起打球、喝酒，康特还认他们为义子。

由于对艾格尼丝热切的思念，海明威原本计划十天的假期缩短为七天。他急切地回到米兰医院。迎接他的除了艾格尼丝的拥抱外，还有一个坏消息——艾格尼丝要调往佛罗伦萨做志愿者。海明威的心情一下子从天上跌落到地下。他们一起在图书馆度过了最后一晚，谈了很多，倾诉了彼此的不舍，然后海明威把艾格尼丝送上了南去的火车。在艾格尼丝走后，海明威把思念倾注在笔端，每天都会写信有时还会一天写两封。

腿伤好些后，原本可以回国的海明威选择留下来，回到斯奇奥红十字会的救护队，他的申请得到了批准。他在给父亲的信中说："作为军人的责任让我结束战争后才能回家……与其一个人让自己到了晚年年老体衰，在理想消逝之后慢慢死去，还不如在年轻的时候，趁火光一闪，快快活活地死去。"他还是向往着战场，哪怕是挂着手杖回到前线开救护车。

这次回去，战事已经变得紧张起来。意奥两军正在做最后的决战，意大利军队的炮火正猛烈地攻击着对方的阵地，晚上也不会停止，每到晚上，成片的火光足足可以将夜晚变成白昼。彻夜连日的战争让救护队的战士也紧张忙碌起来。海明威和同事们在前线和后方救护站之间不停地奔波，一连几天都得不到休息。可是他在战场只待了一个星期多就患上了急性黄疸，不得不再一次被送到医院。但是这次在战场上他有幸见到了大名鼎鼎的阿迪蒂突击队，这成为他以后的一个谈资。

急性黄疸并不是什么严重的病，海明威吃了药休息了几天就康复了，更何况艾格尼丝还不远千里地拍电报询问病情，后悔自己没能陪在他的身边，海明威心里很是满足。11月3日，海明威正在医院的咖啡厅里休息，看到报纸上登着一条消息：意大利和奥地利签订了停战协议。战争终于结束了。

海明威的病好之后不用再回战场，他和艾格尼丝终于见面了。然而久别之后的相见并没有他原本想得那样简单美好。艾格尼丝一直在忙工作，两人在一起相处的时间非常少。在分别的日子里，相思让他们在彼此心中美化对方，然而见面之后，他的粗鲁和她的冷淡让双方都失望不少。19岁的海明威依旧是一个单纯的大男孩，对未来没有畏惧，当然，也没有对未来的打算。艾格尼丝到1月份的时候就满27岁了，她不得不考虑更多更现实的问题。

海明威向艾格尼丝求婚，艾格尼丝没有答应。她提出了两个要求：第一是结婚的话必须要回美国，在意大利不行；第二是海明威必须找一个稳定的工作。在艾格尼丝的劝说引导下，海明威开始认真思考自己的未来和工作的问题。那一年她没有和海明威一起过圣诞节，海明威独自一人登上了回美国的轮船。艾格尼丝叮嘱他很多事情，比如不要使用廉价香水、不要系俗艳的领带等。艾格尼丝和海明威差距的确很大。

海明威带着艾格尼丝的叮嘱离开意大利，满心希望地要到美国去找一份像样的工作来迎娶艾格尼丝。

战场让海明威遍体鳞伤，但也使其精神得到了极大的丰富。"是拿破仑教会了司汤达如何写作。只有在受到重创之后，才会真正开始严肃写作。"海明威很信奉这句话。一个涉世未深的毛头小伙子在战场上开拓了眼界，学会思索人生，也获得了无限能量和信心。

第三章 人生起落

1. 英雄凯旋

1919 年 1 月 21 日，海明威乘坐的"维迪"号轮船抵达纽约，他拄着手杖跟着一列列的士兵向船舱外走，码头周围有很多前来迎接归国士兵的人群，士兵们向欢呼着的人群招手。海明威的事迹早就宣扬了出去，《纽约太阳报》的记者很快就在一群年轻的士兵中认出了他，要对他进行采访。当时意大利政府为了联合美国，催促美国尽快对奥宣战，对这个在意大利战场上首个负伤的美国士兵尤为重视，还给海明威颁发了英勇作战的银质奖章，他的军衔也从少尉晋升为中尉。政府授奖时海明威的伤情还比较严重，只能坐在轮椅上接受表彰，但那也挡不住他的喜悦。虽然海明威之前只是在战场上做着普通的工作，但受伤之后的他俨然成了一位声名远扬的大英雄。《纽约太阳报》用大幅版面刊登了他的事迹和照片，照片上的他留着一个法式的小胡子。"他身上的伤多过任何一个穿军装的人，他毫不畏惧列强的枪炮子弹。"《纽约太阳报》还为他增添了很多夸张性的事件和经历来表现他的英勇，海明威对此并未拒绝。

海明威在同伴比尔·霍恩的陪伴下，在纽约留了几天，然后才乘火车回到橡树园的家。列车到站的时候，父亲和姐姐已经在车站等候很长时间了，两个人看到海明威一瘸一拐地走出来很心疼，又万分庆幸他能平安归来，不禁热泪盈眶。克拉伦斯和玛瑟琳连忙上去接过海明威的行李，扶住他。海明威拒绝让父亲搀扶着他走，他说："这么多路我都自己走过来了，这点路不算什么。"他坚持自己扶着手杖走到车里坐下，父亲开车带着他们回家。

到达橡树园已经是夜里，但家里还是灯火通明，很多亲友和邻里都在家里等着他回来，好一睹英雄的风采，连家里最小的弟弟列赛斯特也硬撑着强打起精神。海明威身穿笔挺的蓝色军装，脚蹬高筒军靴，手里的手杖让他平添了几分军官气度。人们的热情让海明威很兴奋，不顾路途劳累和大家聊到很晚。

橡树园中学的校长专程到海明威家里邀请他到母校做一次演讲，他一口答应了下来。海明威是一个擅长表现自己的人，他可以让人们对他的期待充分得到满足。在休息了几天之后，海明威来到学校，在众人的掌声中走上演讲台。他给大家讲意大利战场上的激烈战斗，讲那一晚自己如何勇敢地救助战友。他还带去了很多从欧洲战场上带回的东西：左轮手枪、几发机枪子弹、一顶奥军的军用钢盔。他还举起那条血迹斑斑、布满弹孔的裤子，看得众人唏嘘不已。海明威在最后用了一句富含哲理又激动人心的话结束演讲："这是我关于战争的第一次演讲，也希望它是最后一次！"观众对他报以热烈的掌声。

接下来连续很长一段时间海明威都很忙，《橡园周报》、堪萨斯城《明星报》等都安排记者来采访他，海明威的事迹被一再传播。他高大帅气的长相让他更受欢迎，经常有崇拜者来拜访。情人节的时候，有两个十一二岁的小女孩远道而来，给海明威带来了礼物。她们将礼物放在门口，按下门铃就跑。海明威正好听到声音，出门后追上了她们，邀请她们到家里喝茶。他给她们讲了很多关于自己的故事，给她们讲解每一个纪念品的来历，还到院子里点燃了两个照明弹给她们看，三个人度过了愉快的一天。

名誉与荣耀就像一场雷阵雨，来得快去得也快。公众对于参战军人的热情与崇拜也像盛夏的骤雨一般迅速消散了，观众对战争英雄的激动慢慢地变成冷淡和忘记。生活回归平凡的时候，海明威也渐渐冷静下来，他开始思考出路的问题。他最开始打算的是回到老东家堪萨斯城的《明星报》，继续做一名记者。可是战争结束后，复原的军人太多，报社已经没有多余的岗位留给他了。他又接连联系了几家报社，也都无果。

复原的军人在当时可以说是一无所有的：没有职称证书、没有津贴和退役金、耽误学业的学生们也不会领到国家的助学基金。当把军装收进衣柜，把各种再没有人要看的荣誉勋章束之高阁之后，他们两手空空。海明威还记得当初对艾格尼丝做出的承诺，但是他求职四处碰壁，这让他极度苦闷。他经常给艾格尼丝写信，希望艾格尼丝能给他精神上的支持，但是艾格尼丝的回信总是很冷淡，有一次她在信中写到自己的工作太忙，希望海明威能够自己解决问题，不要总来打扰她，给她带来压力。海明威感觉到了两人之间的危机，他给她的信越来越多，越来越长，可都无济于事。海明威的预感是正确的，后来海明威收到了艾格尼丝的信，在信中，艾格尼丝告知海明威即将结婚的消息，是和一个名叫那不勒斯的年轻军官。那不勒斯是一个爵位的继承人，出身名门。艾格尼丝对海明威表示抱歉。之后艾格尼丝还给海明威写过一封信，在信中她说："我并没有你想象中的那么好，我现在表现出来的缺点是我身上一直都存在的。我们之间的不快让我很遗憾，所以再见，娃娃，不要做鲁莽的事，要过得幸福。"两人后来也没有再见过面，这段恋情无果而终。

艾格尼丝的这封信就像压倒骆驼的最后一根稻草，海明威在由于工作的问题接连碰壁之后，又遭受到这个打击，日渐消沉下去。接到信的那天，他喝了很多酒，烂醉如泥。酒醉是容易醒的，睡醒之后酒劲就散了，可是他的心情却没能再阳光起来。失恋的打击把海明威心理上面对困难的平衡力破坏了，他在很长一段时间里都没有办法摆脱低迷和混乱的思维。他整日躺在床上，甚至连饭菜都要姐姐玛瑟琳拿到房中，玛瑟琳说他那段时间简直像一个关在匣子里的人。

更为严重的是，这还将海明威在战场上尤其是炸弹震荡时所造成的心理创伤诱发出来。一战给海明威留下的阴影依然很大，炸弹爆炸时的巨响、被炸飞的土块石砾以及人的残肢血肉都会在他睡觉的时候潜入他的梦境里，本来就入睡困难的他总是被惊醒。他不敢关着灯睡觉，在黑夜里受过伤之后对黑暗有一种恐惧和抵触，一旦进入黑暗之中，他的眼前就会出现炸弹爆炸时迸出的白色、绿色的火星。妹妹厄休拉总是陪着他睡觉，在他睡着之后才关灯。

浪漫的战地爱情流产了，这段受伤的感情也让海明威的爱情观渐渐发生了改变，甚至影响到他后来的婚姻生活。因为怕背叛，他总是同时结交很多女人，总是在妻子之前提出离婚，几次婚姻无一不是这样。但艾格尼丝毕竟是他真正爱过的第一个女人，珍贵的记忆是不会被遗忘的，哪怕它曾经带来痛苦。10年后海明威根据自己一战期间的经历写作了《永别了，武器》，艾格尼丝就是书中主人公凯瑟琳的原型。

在家人的劝说和帮助下，海明威渐渐地走出失恋的打击。后来他跟朋友们解释说是因为自己与很多女孩交往，让他和艾格尼丝的感情变淡了，才导致两人的分手。

恢复过来的海明威仍然需要面对工作的问题，渐渐地，他又重新找回了对写作的兴趣，并产生了靠写作来生活的想法。其实，海明威从来都没有放弃过写作的习惯，不管是在开救护车的时候，还是在服务站工作的时候，哪怕是在米兰医院的病床上海明威都在坚持写作，或者有意识地寻找、记录素材。写作大概是他心底里最想选择的道路。但是写作的成功率很低，一个刚刚起步的作家可能要吃过很多苦才能真正成功。现在海明威不用再为了艾格尼丝考虑工作的收入，这反而能使他追寻自己的心来做出正确的选择。

海明威买了很多世界上文学大师的作品，如欧·亨利、马克·吐温等，他打算从模仿入手，通过阅读名人的作品来找到自己的写作思路和方法。但是事实比想象要难得多，模仿大师的作品并不容易。海明威后来用心研读一本通俗杂志——《圣·尼古拉斯》，这本杂志销量很好，海明威从上中学的时候就开始读，他现在想给这个杂志社投稿来赚外快。他写了好几篇符合《圣·尼古拉斯》风格的小说，给杂志社投了过去，但是他满怀期待等到的却是一封封的退稿信。

这时的他与母亲的矛盾也愈演愈烈，格蕾丝的强势性格总想让孩子按照她设计的路线走，她认为一个饿肚子的作家是不会有出息的。格蕾丝总是唠叨着如果当时海明威听自己的话去上大学，去学医、学音乐，现在何至于整天闷在家里，无所事事。海明威每次吃饭的时候都要同时吞咽下母亲的一句句教导和抱怨。格蕾丝对于自己这个既不工作也不去读书的儿子有些无可奈何。海明威无法让母亲理解自己，父母给他规划的人生轨迹只是一杯毫无滋味的温水，他追求的是威士忌式的惊险刺激。

海明威在家里只能感到压抑，他索性约了几个朋友去了贝尔湖的度假别墅。1919 年 7 月的时候海明威已经可以完全脱离手杖了。他和朋友去钓鱼、打猎、在野外烧烤。他的朋友布伦贝克是个忠实的听众，他在这一时期成了海明威最佳的心理治疗师。他经常鼓励海明威，让他相信只要坚持写下去就一定会被报社采用的。海明威还邀请了在意大利时的战友，几个年轻人开着一辆借来的破吉普车，一起露营、旅游、到丛林冒险，他们还一起恶作剧……有了他们的陪伴，海明威的心情比在家时好了许多。当然，除了游玩放松，海明威还坚持读书、练习写小说、积累写作素材，他的小说《大双心河》就是以这段时间的郊游为题材背景的。

夏天到来的时候，海明威的家人都过来度假。在家人们回去时，海明威也回到了橡树园。但他与家人之间的矛盾让他无法静心写作。1919 年 10 月份，他就又一次搬了出来，在密歇根州的皮托斯基镇租了一间房子。在这里，海明威有了独立的世界，开始专心写作。他每天都从清晨就开始写作，在窗外就能听到屋里打字机清脆的声音。午饭过后，他又会重新坐到打字机前开始工作。有时下午海明威会到附近的农场里做一些零工，赚取一些外快，来支付房租。他日复一日地坚持自我训练，一遍一遍写。有时自己觉得写得不够好就会恼怒，让自己加量写。海明威在此期间写了很多文章，但都得不到认可，他收到的退稿信和他寄出去的信件一样多。他很气愤，但并没有气馁，依然铆足劲地写。这的确需要一种强烈的热情和强大的心理，幸好海明威做到了。

在此期间，海明威曾经带着自己的习作拜访了一位名叫埃德温·贝尔摩的记者兼作家，想让他指导一下自己，使自己的写作水平提高得更快。他们在贝尔摩的小屋里谈了很多，贝尔摩给海明威指出了一些作品中存在的比较明显的问题，也跟他说了自己的修改意见。有一些海明威并不认同。贝尔摩根据海明威作品的风格为他推荐了几家杂志社，并专门在一张纸上写下来，让海明威把自己认为写得不错的文章投给他们。海明威照做了，但是结果还是让人失望，退稿信还是一封一封地寄来，没有人愿意发表他的作品。

那段时间，海明威每天下午的时候都会出门，到当地的一所中学接曼佐莉回家。曼佐莉是他和朋友们在贝尔湖度假的时候认识的一个姑娘，后来暑假结束，曼佐莉返回学校读书，海明威也回到了自己的家中。海明威这次从家搬出来选择皮托斯基镇肯定也是考虑到想和曼佐莉在一起。曼佐莉刚刚 17 岁，身材不高，微胖，性格开朗，当时在贝尔湖的那些男孩子都可以和曼佐莉玩得很开心。曼佐莉放学之后会在学校附近的一家咖啡店里打工，海明威有时会进去点上一杯咖啡，边看书边等她下班。海明威后来将曼佐莉写进了他的小说《某件事的终结》和《三天的花期》，来纪念这段青春期里的罗曼史。

1919 年 12 月份的时候，皮托斯基公共图书馆妇女协会了解到海明威的参战经历，想邀请他做演讲。海明威又一次讲了曾经在橡树园中学讲过的内容，还让人们看了他布满"战争痕迹"的裤子，现场的听众们对英雄依然满怀崇拜。听众中有一个名叫哈利特·康纳波尔的女人，对海明威尤其留意。她在演讲后找到海明威，问他愿不愿意代替她照顾她的儿子。原来，康纳波尔夫妇打算这个冬天到棕榈海滩度假，但是他们的儿子天生就有轻微的残疾，她怕儿子在他们走后照顾不好自己。海明威动人的演讲让哈利特觉得眼前这个健康乐观的小伙子一定能够给儿子积极的引导，尤其可以帮助儿子培养体育和娱乐方面的兴趣。他们表示愿意每月给海明威50美元作为报酬，不需要陪着做什么剧烈的活动，这样，他可以拥有一大块自由的时间去写作。海明威愉快地答应了哈利特，接受了这份为期4个月的工作，搬进了他们在加拿大多伦多的家。海明威在康纳波尔家中有自己单独的屋子，可以安静写作，康纳波尔先生还有很多的藏书供他阅读。

　　哈利特的丈夫拉尔夫·康纳波尔是个成功的生意人，短短几年就把加拿大"伍尔沃斯塔"连锁店由10家扩展为100家，不仅经济实力雄厚，交际圈也很广。拉尔夫很欣赏海明威的写作态度，也很看好他的作品，2月份的时候康纳波尔夫妇度假回来，拉尔夫便主动向在《多伦多明星日报》的朋友推荐他，并预言他能成为优秀的作家。拉尔夫是海明威人生中的贵人，他在其人生的关键处给出了及时而有力的支持帮助，也让海明威敢于肯定自己，坚定自己写作的道路。

　　1920年2月，海明威到《多伦多明星日报》报到，编辑给海明威的职务是专栏作家。专栏作家可以按照自己的构思想象来选择题材、撰写文学作品，这不同于他以前在堪萨斯《明星报》做记者的工作，更合乎海明威的心意。他的作品开始刊登在报纸上，虽然每篇薪酬只有几美元。渐渐地，海明威的作品得到读者的关注，也得到了主编克兰斯顿的认可，克兰斯顿也开始欣赏这个充满活力与闯劲的年轻人，改变了自己最初时认为他鲁莽平庸的观点，觉得他是个天生的短篇小说家，因而海明威作品的稿酬也被提高到一个字一便士。

海明威常常在编辑部征求选题的时候靠着丰富的想象力提供大胆的题材。他这时期的作品大多都是关于犯罪、暴力的题材，这与之前做记者时重点关注社会问题的经历有关。做记者的经验也影响了他的文风：行文简洁，人物鲜活，给人震撼的力量。海明威有一篇文章是揭露多伦多一个诈骗犯，他的描写角度和叙述方法让人耳目一新，他甚至表达了对这个人的暗暗地喜爱："这是一个像雪貂一样英俊的男人，拥有一双修长漂亮的手，像一个赛马的骑师那样神气。"海明威文中的人物都是真实的，大多是他生活中遇到或者观察过的人，如战士、下层的妓女、随军记者等，具有纪实性。他写作效率很高，出稿也很快，从2月份正式工作到5月份离开多伦多，在报纸上一共发表了11篇文章。

但是海明威在《多伦多明星报》待的时间并不长，就像他所说的那样，写作就像打猎，射中一头狮子后就要以下一头为目标。他后来决定离开多伦多去寻找更大的舞台。

2. 幸福来临

1920年5月份，海明威离开多伦多后，直接来到贝尔湖找朋友们，开始这一年夏天的度假生活，但是这使他和母亲的关系变得十分紧张。格蕾丝当时已经48岁了，繁重的家务劳动常常使她腰酸背痛，孩子们渐渐长大，烦心事也越来越多，她需要操持家务，还得操心两个花季女儿的社交问题。玛瑟琳和厄休拉已经开始和男孩子约会，每个母亲都会对这个问题高度关注，格蕾丝对于女儿的男伴很不满意。玛瑟琳在认真地谈恋爱，这倒还好，可是厄休拉在十几岁的年纪频繁更换男朋友，这让格蕾丝很难以接受。格蕾丝希望能给她们在选择男伴上提出建议，但总是被忽视，甚至会引起母女之间的争吵，格蕾丝的脾气越来越暴躁。而她的儿子也颇不让她省心。海明威每天都和伙伴们钓鱼、游泳，从来没有意愿帮助母亲干活。有一次，父亲克拉伦斯告诫海明威要体谅母亲，给了他两个任务，一个是送信，一个是帮助母亲整理院里的果树。海明威一口答应，却总是拖拖拉拉不动手做。母亲对儿子辞掉报社的工作很不满，认为他对于自己的人生没有规划。海明威对母亲无法理解自己也感到恼火，觉得母亲强势的性格很令人反感，两人争吵不断。

1920年7月21日是海明威21岁的生日，为了缓和一下紧张的母子关系，格蕾丝特地为儿子办了一个热闹的生日派对。海明威很多朋友接到邀请，都不远千里来参加他的生日派对，他们都玩得很开心。但是这种和谐的气氛并没有保持很长时间。

海明威生日后不久，他的妹妹厄休拉、玛德琳娜还有邻居家的几个女孩商量好一起出去野餐，但是家长没有同意，厄休拉她们决定半夜时候偷偷地溜出去。由于半夜几个小女孩胆子小，厄休拉和玛德琳娜就拉上了自己的哥哥海明威和他的朋友布鲁姆巴克一起去。他们几人先假装按时上床睡觉，半夜的时候偷偷溜出来，跑到湖边去了。他们点起篝火，烧着捕来的小鱼吃，大家唱唱跳跳玩得很开心。可是没过多久，他们就被家长们找到了。原来邻居家的鲁米斯夫人半夜发现女儿不在床上，便四处找她。找到海明威家里时，格蕾丝才发现自己的孩子也不见了。两家人一起连夜找，担心得不得了。当鲁米斯夫人发现自己的女儿半夜和两个男孩子在一起时火冒三丈，不仅把自己的女儿大骂一通，还狠狠地羞辱责怪了两个年纪较大的男孩，指责他们勾引女孩子。

格蕾丝觉得丢了颜面，也对海明威大发脾气，让他和他的朋友离开家里，再也不要回来。这次事件让海明威和母亲之间的矛盾爆发了，他一气之下离开了贝尔湖，到霍顿湾找别的朋友了。后来克拉伦斯试图劝解两人，但是海明威没有回心转意。

10月份，海明威来到芝加哥。那时的他身边只有几件生活用品和满满一皮箱未完成的稿子，在报社所挣的薪水也悉数变成了度假时的酒钱，现在他连租个像样的房子都成问题。这时他的朋友肯利·史密斯给他提供了帮助，肯利就是海明威在温迪米尔居住时的邻居。史密斯的父母早亡，一直跟着姑姑生活，现在肯利有了工作，便在芝加哥租了一个大公寓，和妻子、弟弟妹妹住在一起。海明威和他兄妹几个都是熟识的好友，便接受了肯利的帮助，搬过来同住。

海明威平时会去花费较低的餐馆和体育馆，廉价的烈酒和便宜的饭菜让海明威生活费用降到最低，他对这些也甘之如饴。对海明威来说，让他最想待在这里的是那些生活在下层社会却充满生命力的人，他们挥着拳头大声说话，说着贵族社会绝对不会说的话，真实坦诚，率性洒脱。海明威喜欢与他们混在一起，成为他们中的一员，他的视野也有所拓宽。他还会去拳击馆，看别人打，自己也会跟他们打，他要把握最真实的感觉，甚至连气味都必须切实地闻到。回到住所之后，他就坐在打字机前飞快地打字，记录下当天的所见所闻或者一时的灵感，他的桌子上和废纸篓里永远都堆着有字的纸。在他们所租住的公寓大楼里也有很多喜爱写作的年轻人，他们经常聚在一起围坐在桌前讨论写作方法，或者为投稿成功的同僚庆祝。海明威是爱热闹的，娱乐活动也常常少不了他的影子，但他却很少和别人一起讨论，他相信作品只有在桌前才能写得出来，才能写得好。

肯利·史密斯在一家广告公司工作，舍伍德·安德森以前是肯利的工作伙伴，安德森同时又是一个有名气的作家，出版过很多优秀的畅销书，他用先进的现代派手法进行写作，形成了自己独特的风格。肯利平日里喜欢艺术，对文学、绘画尤其感兴趣，与安德森是素日交好的朋友，安德森也是肯利家的常客。海明威就是在肯利的家中结识了安德森。安德森很热心地指导海明威，给他的习作做细致的点评，还带海明威到自己的住处，为他推荐自己的藏书。海明威这段时期，在安德森的引导下，了解了系统的文学分支、作家和流派，知晓了通俗文学与高雅文学的区别。海明威的文学知识和专业技能得到了极大的提升。

与海明威同时被邀请来到肯利公寓的还有一个叫哈德莉的人，她是肯利妹妹凯蒂·史密斯在圣路易斯的玛丽学院学习时的同学，那时哈德莉的母亲刚刚去世，凯蒂让她来芝加哥散散心。29 岁的哈德莉 1891 年 11 月出生在圣路易斯，父亲继承祖业做了一名制药商，家中共有五个儿女，哈德莉是最小的一个。他的祖父詹姆斯·理查森白手起家建立了美国西部最大的制药厂，当他想安度晚年的时候就将生意交给两个儿子，即哈德莉的伯父和父亲。但他们两人对于做生意并不感兴趣，也不在行，在短短几年里业绩直线下滑，出现经济危机。在哈德莉 12 岁那年，她父亲小詹姆斯负责的公司债台高筑，压力过大的他在绝望中自杀了。母亲接过父亲手中的公司，重振家业。经过母亲的辛勤努力，公司又一点一点景气起来。她的母亲佛罗伦斯喜欢音乐，哈德莉生来就体弱多病，母亲便做主让她休学在家，亲自教她学习音乐，长大一点后才送她出去读书。哈德莉弹得一手好钢琴，在艺术的浸润下，她的气质也优雅娴静，又自信大方，颇有淑女风范。当母亲躺在病榻上时，她一直在母亲旁边悉心照顾。1920 年，哈德莉母亲因病去世，她的情绪一直很低落，凯蒂很想让她在新环境里改善一下心情，就盛情邀请哈德莉来芝加哥。

哈德莉到来的那天，史密斯家为她办了一个小派对，请了很多年轻人，气氛很热闹。哈德莉的社会经验很少，也少有和男性交流的机会，也没有谈过恋爱，她与这样的热闹有些格格不入，在这么多陌生人面前她感到局促，更多的时候是自己坐在人少的一个角落。海明威第一次看到她的时候就感到了一种亲切感。她的头发很漂亮，衣着得体大方，衬托出她优雅的气质，虽然她不属于最漂亮的那种人，但让人感到温暖与舒心。他不再和同伴们打闹说笑，而是坐到哈德莉的身边。海明威很擅长逗别人开心，一会儿，哈德莉就被这个幽默帅气的大男孩感染，屋里响起了哈德莉开心的笑声。

哈德莉在的日子里，海明威变得轻松明朗很多，除了每天固定的写作时间之外，他就与哈德莉待在一处。芝加哥是美国著名的音乐之城，爱好音乐的哈德莉在这里也得到了巨大的享受，他们两人经常出门看歌剧、听音乐会或者坐下来谈天，两人的感情与日俱增。好景不长，哈德莉和海明威仅仅在一起相处了三个星期的时间，她就要赶回圣路易斯去处理一些关于遗产的问题。母亲去世时共留下了 75000 美元作为遗产，哈德莉能分到一万五千多美元，再加上祖父分给他们的财产，哈德莉共有 50000 美元的信用基金，每年可获得 3000 美元的收入，这是很可观的。按照当时的经济水平，美国人的平均年收入才 1342 美元。

哈德莉在分别后很难抑制住对恋人的想念，这是她第一次与男性亲密接触，她的感情炽热真纯。她频频写信诉说思念，还邀请海明威到圣路易斯过圣诞节。但是海明威并没有答应，他推说自己好几年没有回家过圣诞节，这次很想回家看看。当然这只是一个托词，自从生日后的那次风波之后，海明威就很少给母亲写信了，当年圣诞节他也只是给母亲邮寄了一张写着很少字迹的圣诞贺卡。他此时考虑的是另一个原因。他在芝加哥住了很长时间，虽然偶有作品能发表拿到稿费，但也只是能保证他的日常花销，还远不足以支持他到圣路易斯去见女友，海明威感到很窘迫。

1921年1月的一天，他在常去的餐馆吃饭的时候，随手翻阅了一份名叫《芝加哥论坛》的报纸，在报纸上他看到一条招聘编辑的信息，不禁一阵兴奋。他飞快地把三明治吃完，就近找了一台打字机，写下自己的个人简历，给招聘的《合作团体》杂志社邮寄过去。几天后，海明威顺利通过杂志社的笔试面试，成为一名正式职员。经过前一段时间的锤炼，海明威的写作水平已经能够得到很多人的赞赏，他给杂志写的很多文章和小说都受到欢迎，他的薪水也从最初定的每周40美元涨到每周50美元。

海明威和哈德莉一直保持通信，随着感情的加深，他们的信也写得越来越热情。3月份的时候，海明威辞职离开芝加哥到圣路易斯找哈德莉。他们一起从圣路易斯来到橡树园的家中见了海明威的家人，大家都对哈德莉很满意。1921年6月21日，他们在圣路易斯举行了订婚仪式。海明威当时一心想回到意大利，他很怀念在那里的岁月，很想在和哈德莉结婚之后到欧洲去。他先后向多家报社递交申请，申请成为报社驻欧洲的特派记者，这样就既能够挣钱又可以满足自己的心愿。但由于他开出的条件太高，一直没有报社答应。

9月3日是他们举行婚礼的日子，婚礼定在密歇根的霍顿湾举行。海明威的父母和兄弟姐妹们都来参加，还有一些他们的朋友。伴娘是哈德莉的姐姐与促成他们相识的凯蒂·史密斯。22岁的海明威没有普通人结婚前的紧张，甚至在结婚的前一天他还和伙伴钓鱼，婚礼在举行前还没有完全准备好。不过好在他们在教堂里的婚礼还算顺利。

10 月份的时候，舍伍德·安德森和他的妻子从巴黎回来，海明威登门去拜访。海明威说起了自己想去意大利的打算，安德森则强烈建议他们去巴黎。在巴黎那个浪漫的艺术之都，一个作家可以一直保持着寻找新鲜感的触角，美国很多作家也都选择巴黎作为落脚点，在那里可以找到很多资深的前辈。而且，法国当时的通货膨胀很严重，法郎的价值持续下跌，美元兑换法币的汇率很合算，很少的美元就可以在巴黎过上很好的生活。海明威和哈德莉认真考虑了这个建议，决定放弃去意大利的想法，改去巴黎。安德森为海明威写了几封介绍信给他在文坛上的朋友，其中就有格特鲁德·斯泰因、詹姆斯·乔伊斯和埃兹拉·庞德。这些在当时就很有名气的人，后来在文坛更是举足轻重，成为世界文学史上不可忽略的大家。时年 48 岁的斯泰因作品多而新，被誉为"不凋谢的玫瑰花"，她举办的文化沙龙在文化交流、提携新人上颇具影响力；庞德是意象派诗歌的领导者，可谓少年得志；海明威如果能得到这些人的帮助，可谓如虎添翼，得到更广的发展前途。

海明威和哈德莉去了一趟多伦多，去《多伦多明星报》的报社商量特派记者的事。终于，报社和海明威达成协议，报社支付海明威在巴黎的费用，如果有稿件被采用的话，再另加费用。

1921 年 12 月，海明威和新婚妻子坐上了开往巴黎的"利奥波尔蒂娜"号。轮船在寒风中破浪而行，在海明威的怀里不仅有珍贵的介绍信，更重要的是他不断前行的勇气和成功的梦想。

3. 逐梦巴黎

十天后，轮船顺利抵达港口，新婚的海明威脸上却挂着彩，有几处很明显的伤疤。原来他们在船舱里认识了一个怀抱婴儿的法国姑娘，她向哈德莉与海明威讲述了自己的悲惨遭遇：孩子的父亲是一个美国兵，两人在法国相识相恋，后来跟着他来到美国，怎料她在生下孩子后惨遭抛弃。现在她的身上只剩下几法郎，连吃饭都成问题。海明威看着哇哇哭泣的婴儿，决定帮助他们。他在船舱里举行了拳击比赛为那个法国姑娘募捐。虽然海明威连赢了三场，但他自己也受了伤。他们到达欧洲的第一站是西班牙的马德里，因为海明威想在那里看一场斗牛。西班牙斗牛历史悠久，堪称"国技"，斗牛士勇敢的灵魂，与公牛相争的精湛技术能给人极大的刺激，斗牛士在西班牙被视为英勇无畏的汉子，海明威觉得斗牛使他陶醉入迷。看完斗牛又在马德里待了三天，两人才乘坐火车前往巴黎。这是海明威第二次来到这里，上一次时他还是个 18 岁的毛头小子，战争中的巴黎留给他的印象还十分清晰，炮弹的声响似乎还在耳边呼啸，那时的巴黎给十几岁的少年带来无限刺激与兴奋。

战后的巴黎并没有像人们想象得那般美好，受战争影响的经济没有得到及时的恢复，通货膨胀率持续走高，影响了很多人的生活。人们变卖家具家电，很难长久度日。战争也打破原来的贫富格局：白俄罗斯的贵族在酒店门口当保安，昨日的富翁今天可能会与流浪汉争抢天桥下一处避风的地铺。那些为国家出生入死的战士们现在只能做一个没有腿的乞丐，他们身旁放着政府颁发的证书和奖章，但也无法为他们换来果腹的食物。很多人为逃避梦想的破灭便不再奢求梦想，慵懒无为地生活着，甚至选择轻生。但是巴黎依然是塞纳河培育出的一颗璀璨的明珠，几个世纪以来，作为文化艺术中心的巴黎即使遭遇冲击也会像教养极好的贵族一样，保持着它的优雅。多数地方还能井井有条，楼宇建筑、林荫小路、穹顶的咖啡馆都能给人美的氛围和熏陶。总有一些人不曾放弃生活的希望，哪怕风衣再旧，他们也会为它搭配上一条漂亮的丝巾。海明威把他所看到的巴黎第一时间写下来发给了远在加拿大的报社。

巴黎住着很多像海明威一样的外国人，低廉的汇率让他们在巴黎生活得相当舒适。他们在雅各布旅店落脚休息，住一晚旅馆只要一美元，吃一顿早餐只要2.5法郎。他和哈德莉四处参观，看巴黎的美景，观摩罗浮宫的名画和艺术品，在塞纳河畔驻足欣赏街头艺人的表演。海明威后来说："如果你足够幸运能到巴黎度过青年时代，那么，无论你今后走到何方，巴黎都会在你心中。因为，巴黎是一个流动的圣地。"

海明威按照安德森的指点，首先联系了国际商会的巴黎负责人路易斯·加兰提艾尔，他为他们找到了一个价格便宜的公寓套间，因为夫妇二人想把钱省下来去旅游。他们的住处在一个平民区，条件不是很好，附近有一个工人娱乐场，里面总有醉酒喧闹的人，烟雾缭绕，海明威称它为"藏污纳垢的地方"；还有一个仅仅用砾石铺成的小广场，很简陋。他们住的房子在那个平民区算是最好的了，有一个桃木卧床和一个哈德莉很喜欢的壁炉，他们的房间里还有一个小小的浴室。海明威写信给远方的朋友却说他住在巴黎拉丁区最豪华的地方，他总爱吹嘘，满足自己的虚荣心。

海明威安顿好一切后并没有直接拿着介绍信去找斯泰因等

人，而是在自己房中认真写作。他想带着自己满意的作品去拜访，而不至于被当作和别人一样的泛泛之辈。可是住所周围的环境太嘈杂，他无法安心写作，于是他又专门在穆斐塔尔街上的旅馆里租了一间小屋。白天他在小屋里专心写作，直至深夜才回家。新婚的妻子哈德莉经常一个人在家，偶尔吃饭的时候见到海明威，他也在思考小说的情节，很少与她有交流，哈德莉有种被冷落的感觉，从小生活优越的她在这种住宿环境下更有一种悲戚感。后来，她努力学习法语，提高了交流能力，选择在学校里进修音乐，练习钢琴。哈德莉的生活渐渐丰富起来，也不再感觉寂寞。他们俩尤其是海明威节省开支就是为了能在欧洲游玩，不久，他们就买了滑雪的用具，到瑞士的阿尔卑斯山滑雪，之后又去了很多地方。

海明威当时在着手写一部长篇小说，是以他在密歇根的生活为题材，但是写作进行到一半遇到了瓶颈。海明威想，如果能得到高人的点拨也许能写得更加顺畅也更有水平，于是，1922年3月海明威和妻子哈德莉带着自己的一些习作和安德森的推荐信来到弗乐吕斯大街的公寓，登门拜访了格特鲁德·斯泰因。

斯泰因女士时年48岁，是侨居巴黎的美国作家，她从小家境富有，曾在美国东部上学，后来来到巴黎定居，是实验主义小说流派的代表人物。她主张语言革新，《三个人的一生》是她成功的代表作，斯泰因经常在家举办文学沙龙，在当时影响很大，一度成为巴黎的文学中心，很多已经成名的现代派作家和她都是挚友，都会受邀参加沙龙。同时也有很多想学习现代派写作技法的青年作家会到此寻求指导帮助，于是文坛的新旧力量在此汇聚，迸发出强大的活力。斯泰因对新人的鼓励与提携，使她在文坛上很受尊敬。

海明威和哈德莉受到了热情的接待，斯泰因和女伴爱丽丝·托克莱斯的好客让他们意外地感动。斯泰因也是个绘画收藏家，家里有很多世界名画，四面的墙壁上挂满了毕加索、塞尚等当代绘画大师的名画作品。海明威夫妇进了斯泰因的家就像进了美术馆一样。斯泰因的工作室宽敞华丽，还有很多精美少见的艺术品，让海明威夫妇很惊叹。斯泰因的年纪和海明威的母亲格蕾丝相仿，她对海明威也像对待孩子一样耐心。海明威向她讨教写作技巧，并拿出自己的作品请她批评指导。斯泰因对他的几首诗评价很高，对于他的几篇小说并不看好，她批评得很不留情面。斯泰因教给海明威如何从总体上把握作品，而不仅仅关注文字上的推敲。海明威听得很虚心，对于作品他回去后按照斯泰因的指导重新进行了修改。

初次见面，他们对彼此的印象都很好，此后，海明威成了斯泰因家中的常客，常来倾听她的看法。斯泰因也很欢迎虚心的海明威，他们之间的友情迅速发展，他们经常在她的工作室，一边喝着酒，吃着蛋糕，一边聊天。他们聊天的范围很广，包括写作技巧、绘画发展方向、音乐流派，以及作家和画家的逸闻趣事，还有西班牙斗牛。海明威收获了很多自己不曾关注过的知识。

斯泰因也会请海明威看她自己的作品。她热心于在文学上实验性的改革，尤其是文学语言的革新。她在1909年发表的《三个人的一生》大获成功，小说中运用略带重复的短词短句，有种孩童化的特点，这恰好与小说中的人物，那个被欺骗的黑人姑娘梅伦克，有着相近的单纯和稚气，让人读了耳目一新，和当时的其他作品不太一样。但是后来斯泰因对于文学作品语言的革新进入了一种偏执的状态，主张取消标点，不能使用形容词和连接词，专有名词不用大写等，这给读者带来很大的阅读障碍。到后期，斯泰因的改革似乎偏离了推动语言发展的目标，更像是对正常语言的肢解和破坏。她常常顺着自己的心思随意地写，也不做任何删改，慢慢地人们不再对她的作品感兴趣。

对于斯泰因的做法海明威当然不是完全赞同，所以他也是选择性地接受了斯泰因给他的教导。海明威悟性很高，他从斯泰因那里学到了不少对自己写作有帮助的因素，比如他模仿斯泰因的"重复遣字法"，富有韵律感和节奏性，很有表现力，这丰富了他的写作技巧，充实了他的作品。

斯泰因认为新闻报道和真正的文学作品相去甚远，海明威身上的创造力更适合从事文学创作，长时间的记者工作是对创造力的浪费，她劝海明威早日放弃记者的工作。但对于海明威这个没有经济来源的年轻人来说，这份工作的重要性是他不能忽视的，后来证明海明威的特派记者做得也很出色。

在斯泰因的沙龙里，海明威见到了埃兹拉·庞德，没有用上安德森的介绍信两人就很快熟络起来。海明威对于庞德很敬佩，他总认为每当庞德到来的时候，沙龙才有意义得多。其实，最初的时候海明威对庞德的印象并不好，以貌取人的海明威并不认为这个留着山羊胡的瘦小的人能有什么文采，甚至对于他傲慢的态度有些反感。但是后来他读到庞德的诗歌时就被折服了，庞德在诗歌中的用字就像吝啬鬼用钱一般小气，但那一首首精干如骨架的诗歌却有着极强的感染力。

庞德是美国早期的现代派诗人，早在1908年就有诗集《人物》出版，以其开放精悍的诗风闻名，拥有很多读者。1912年他在伦敦率领一些欧美的文学青年发起了"意象主义运动"，号召推翻浪漫主义浮夸的文风，强调行文简洁，用巧妙有力的意象扩大诗歌内涵，他一直践行这一原则，创作出许多优秀的诗歌，他所谓的意象就是"在刹那间表现出理智和情感的符合"，使人感到"突然的开放"，产生自由的幻觉。庞德因为他优秀的诗歌，也因为他的理论建树，被公认为"意象派大师"。

庞德本人并不像看上去那么傲慢，对于前来问教的海明威很热情。他从海明威的习作中抽出六首，寄给纽约《日晷》杂志的编辑部，还专门写了一封推荐信："舍伍德·安德森为他写了介绍信，让他来找我，他是一个有积淀有目标的人，如果你想为《日晷》吸纳新鲜血液的话，我认为海明威是合适的人选。"

这六首诗最后并没有发表，但是让海明威很受感动。他对于庞德的建议很有认同感，也真心实意地去学习，他读了很多庞德推荐的传统作家的著作，如荷马的《荷马史诗》、乔叟、但丁的《神曲》等，还推荐了詹姆斯·乔伊斯、T. S. 艾略特、司汤达的作品。庞德说，阅读是为了学习，学习得越多才能让自己更渊博。他还让海明威养成修改作品的习惯，做精细的比较，把文学做成精巧的艺术。庞德自己就对作品的修改很看重，他那首享誉盛名的诗作《在地铁车站》就是他不断雕琢的结果，当初这首诗写成时有三十几行，后来经过无数次的朗读、修改，最终只剩下浓缩的两行：

"这几张脸在人群中幻景般闪现，
　湿漉漉的黑树枝上花瓣数点。"

经过修改的诗成为意象派诗歌的典范之作。这给了海明威很深的印象，他在日后的写作中更加注重语言的精练。要将别人的长处拿过来为自己所用，模仿每一个作家的优点，但是要模仿得非常隐秘。这是海明威通过庞德的告诫总结出来的。

　　在海明威以后的作品中，总能找到那些大师的很多技巧。如福楼拜作品中精巧、含讽的语言及冷漠的语调，亨利·詹姆斯那种话里有话、一语双关的睿智等。当后来他成为青年人的偶像时，他也说出了和庞德类似的话来指导别人写作，为年轻人开出的书单中很大一部分就是庞德给他列出的那部分，可见庞德对海明威的影响是很大的。海明威说，在他认识的作家中间，埃兹拉·庞德是最无私的一位，他给的帮助总是别人最需要的，无论庞德是否信得过对方。海明威从庞德那里学到的是最多的。哈德莉回忆当年海明威学习写作技艺的时光时描绘了这样的场景：欧内斯特坐在庞德的脚边，认真听着，阳光透过窗子照在他们两人身上，细小的尘埃在他们周围飞舞，他们真像在传递一道神谕。

　　庞德和海明威的感情越来越好，庞德还跟着海明威学习拳击，瘦弱的庞德很用功，不怕吃苦，这让海明威对他更多了一层敬意。当后来庞德由于政治立场的问题而导致自己身陷囹圄，海明威还四处想办法找人，为他洗刷冤屈。

　　为了找到庞德推荐的书，海明威经常去书店逛，有一次他偶然地发现了一家名叫"莎士比亚之友"的书店。书店的主人是西尔维娅·比奇小姐，她也是个美国人，她从小在普林斯顿长大，后来在西班牙待过两年，世界大战结束后她定居巴黎，在书店林立的奥德翁路12号开了这家书店。她的书店可以租书，只要交够一定的押金，就可以随便从这里借想看的书。"莎士比亚之友"真是一个超级棒的去处，书架上摆满了各种各样的书，墙上贴着各国作家的照片。每到冬天，店里就会生一个大火炉，既温暖又温馨。比奇小姐是一个文学爱好者，趣味高雅，待人热情。她店里的书都是经过挑选的优秀作品，世界级的文学大师的作品在这里都能找到。海明威仿佛找到了宝藏一般激动。可是海明威当时金钱上很紧张，他舍不得花钱来租书，就经常早早地来到书店，待上一天，打烊时再走。几天后，比奇注意到了囊中羞涩却无比认真的海明威，她主动给他填了一张借书卡，让海明威自由借书，钱可以等他有了再补上，海明威对她十分感激。

这些大师好比是海明威的指南针，"莎士比亚之友"则是他的加油站，充沛的燃料加上本身十足的动力，海明威向着成功的方向飞速前行，无人能挡。

4. 另一种历练

海明威是作为记者被派到欧洲来的，在学习写作之余还要顾及工作。除了《多伦多明星报》要求的一些新闻热点外，他也会以一个记者的敏感找到有价值的新闻进行报道。记者这个工作让他的生活更有趣、更活跃，不至于让写作变成在房间中闭门造车，每天高频率地接触各种事件让他不断进行思考，也为写作提供素材与灵感。海明威在巴黎除了和艺术家们来往之外还认识了很多报界同人，定时参加欧美国家的新闻工作者们在巴黎组织的俱乐部。海明威认为记者的工作并非像斯泰因所说的那样与写作格格不入。

被战争打破的平衡很长时间都无法恢复，20世纪的欧洲就像一个被剧烈搅动过的湖泊，到处都有旋涡在涌动。无论是战胜国还是战败国，第一次世界大战带给他们的伤口与疼痛久久无法弥合。

1922年4月，海明威到意大利参加热那亚会议，这是一次国际性质的经济会议，共有29个国家参加，名义上是以讨论并促进欧洲经济为目标，但实际上各国各有算盘，欧美大国想在维护既得利益的同时，联合起来用经济手段制约刚刚成立的苏联。这让年轻的海明威第一次见识到政治家的面孔和手段。他在热那亚还认识了新闻界的一个前辈——共产党《大众报》的编辑马克思·伊斯特曼。伊斯特曼在新闻采访与政治形势分析方面给了海明威不少帮助，他们还一起去了热那亚的贫民区。在热那亚的大街上，海明威看到了意大利法西斯分子上台前制造的混乱局面，他们和社会主义者之间爆发激烈冲突，导致数千人丧生。

对于这次会议的报道，海明威是通过电报的形式发回给多伦多报社的，在热那亚认识的记者朋友林肯·斯蒂文斯教给他电报用语的速成课程，这就要求他不得不极力压缩字词。好在他当年在堪萨斯城《明星报》时受到过这样的训练，他的稿件也都是行文凝练有力，句段短小，能把握新闻的新意、准确。海明威说，这次报道是对他写作上最好的训练，也是他写作的重要原则，没有多余的辞藻，没有形容词，没有副词，形成只有血、骨头和肌肉的新的语言。对于他今后文体风格的形成起到了很大的作用。

海明威在会议结束之后带着哈德莉到米兰故地重游，他给哈德莉讲战争时期的故事，一起游览名胜。这次重返意大利的经历与他第一次在意大利战场上的经历结合起来，形成小说的素材，如小说《永别了，武器》第 23 章中主人公与凯瑟琳漫步米兰街头的情景就是以他和哈德莉为原型的。海明威还在米兰采访到了墨索里尼。墨索里尼是"意大利国家法西斯党"的党魁，成员已经有 25 万。当时的墨索里尼表现出很强的爱国精神，在群众中很有号召力，被视为"意大利的救星"。但是海明威在发回多伦多的稿子里提到，墨索里尼是一个危险的"品行很坏的人"。他还分析了墨索里尼"法西斯党"发展的三个阶段：首先，成立自己的组织；然后将该组织发展为得到认可的政党；最后会发动军事运动，统治意大利，并判断出墨索里尼现在正在准备进行第三步的行动。海明威在这篇报道中表现出他对人对事准确的分析能力。

回到巴黎没多久，海明威就接到了去君士坦丁堡的任务。当时持续了三年之久的希土战争（土耳其和希腊之间的战争）战事已经到了收尾阶段。海明威让哈德莉留在巴黎，自己去战场采集新闻信息。但哈德莉说什么也不让海明威去，她听海明威讲了那么多战争故事，对充满危险的战场心有余悸。但是"战地记者"对海明威有着强大的吸引力，这比在战场后方开救护车让他骄傲得多。他和哈德莉发生了激烈的争吵，到底还是去了战场。

希土战争从 1919 年开始，当时意大利试图占领土耳其的士麦拿，土耳其的人们反抗很强烈。协约国为抑制意大利势力发展，同意了希腊对小亚细亚地区的领土要求。1919 年 5 月希腊军队占领士麦拿，土耳其人民开始奋起反抗，希土战争开始。在土耳其的领导者凯末尔的率领下，土耳其民众击退了希腊的士兵，取得东西两条战线的胜利。包括希腊前首相古纳里斯在内的六名内阁大臣被判处死刑，海明威还记录了这个场景："天亮不久，六人被带到一家医院的围墙外，其中一人患有腿疾，无法行动，两个土耳其士兵把他拖出来，扔在墙根下，和其他人一样被一枪打死。被处决的人中，有一个人还高高地举起一个耶稣受难像。"最后一句让人感到深深的震撼。

海明威看到了无数家破人亡的难民，看到了一个个被战火的烈焰所吞没的村庄。难民逃亡的车辆在狭窄的泥路上排成一个不见头不见尾的车队，牛马在泥潭里拉着装满难民全部家当的车辆，人们都淋着雨在车前车后推拉着牲畜和车，不论男女老幼。一个男人站在牛车旁边，努力撑着一块毡子，为正在分娩的妻子挡雨。分娩的巨大疼痛让女人一次次发出凄厉的叫声，打破人群的沉默。被毁的村庄像一个个蚂蚁窝，四处狼烟。战争就像一头巨兽一般，残忍地吞没掉无辜百姓的自由与幸福。海明威对此着墨很多，在他以后的作品中，这样的场景还多次出现。

海明威刚到君士坦丁堡不久就患上了疟疾，他用烈性葡萄酒送服奎宁丸，就是这两种东西支撑着他。他常常在写完一篇报道后，就累得倒在床上睡了，睡醒之后从一个地方转战到另一个新闻点。到后来，他住的旅馆被炸毁，连张床都没有了，他就在地板上打地铺坚持工作。

虽然海明威这次做战地记者的时间不长，但却是他做记者生涯最辉煌的一段。

墨索里尼的爱国后来演化为偏激的民族沙文主义，10月份的时候，他指挥法西斯党的军事力量"黑衫军"发动暴乱夺取政权，成为意大利内阁总理。他对反对他的人进行"清洗"，把他们流放或者关进监狱，甚至直接送上断头台。1922年11月，土耳其与希腊关于两国领土争端的问题在洛桑召开了最后一次和平会议。苏联、意大利、英国、法国等也都派代表团参加。海明威又赶赴洛桑对其进行报道。他每天都四处奔波，通讯社的人一直在等他发出的电讯，所以哪怕是工作到深夜，第二天一早就得重新投入工作。在那些日子里，他就像上了发条的闹钟一样，一刻不停地走着。

报社管理财务的弗兰克在钱上很是吝啬，从不肯让海明威乱花，不然就不给报销。海明威平日里出门连出租车都舍不得坐，只好坐公交或步行。有一段时间，在巴黎的哈德莉患了重感冒，写信给他诉说自己的病情。哈德莉咳嗽得很厉害，肺部发炎，时不时引起疼痛。在异地的海明威对妻子时刻牵肠挂肚，却分身乏术，只能写信安慰她，表达一下自己的思念。海明威甚至还想写信给报社让他们找另外一个人来替换自己，让生病的哈德莉一个人在巴黎，他实在是不放心，但是这个想法被哈德莉劝阻了，他们还是需要这份工作的。

1923 年 1 月，法军占领德国鲁尔区，试图迫使德国尽快赔付战争赔款，引起德国经济的进一步崩溃，德国的法西斯分子利用人民的不满情绪，势力迅速壮大，活动猖獗。11 月份德国法西斯头目希特勒在慕尼黑一家啤酒店发动政变。只要哪里有事件，哪里就有海明威的身影，海明威又紧急赶赴慕尼黑进行采访报道。

在当记者的三年里，海明威报道了欧洲几乎所有的重大事件，访问了很多欧洲政要。三年来，他一共去过六次瑞士，三次去意大利，三次到君士坦丁堡，足迹遍布整个欧洲，成为有名的记者。

三年的记者生涯为他赢得了优秀记者的声誉，25 岁的他也为自己积累了很多写作题材，在他的蓝色笔记本上密密麻麻地写着平时的一些感悟和练笔，以及对战争的思考，这都是没有在报纸上登过的。海明威说，我的记者生涯就是我的大学。

5. 失落后的崛起

在他做记者的期间，还发生了一件令人不愉快的事。

哈德莉病好了之后，海明威写信让她坐飞机到洛桑找他，那时，洛桑会议将要结束，海明威打算在会议结束之后带着哈德莉滑雪。冬天的瑞士，银装素裹，分外妖娆，很多人到这里休闲度假，享受绝佳的滑雪环境。他还嘱咐哈德莉带上他的稿件，他可以在娱乐之后对稿件做一些修改。哈德莉接到信之后就开始准备启程，她把能找到的稿件全部收起，放在一个箱子里。但是她为了节约一些旅行费用，没有舍得坐飞机，而是雇了一个挑夫送她到火车站。然而，在到达火车站的时候，她转身买票，再回头时那个跟了她一路的挑夫不见了！哈德莉泣不成声，她悲痛的程度比起死亡或者任何一种灾难带来的痛苦都要厉害得多。哈德莉哭着打电话跟海明威说了这件事，海明威赶紧临时找了一个人接替他的工作，连夜赶回巴黎。可是，即使他回来也于事无补，事情真的像哈德莉所说的那样，他心存的那一点点侥幸的念头都破灭了。海明威好似遭到了晴天霹雳。这是他几年来辛苦写的稿子：一部已经完成的长篇、18个短篇小说和三十几首诗歌的手稿！假使失去了所有财产也许都不会比他现在悲伤。

他度过了让他最难过的一天，那种感觉真是会终生难忘。第二天，海明威找斯泰因诉苦，斯泰因一直安慰他，宽解他。当天晚上的时候他就坐上了回洛桑的车，因为会议还没有结束，哪怕再悲伤也得回去工作。他在餐车上坐了整整一路，喝了很多酒。等到他到达洛桑的时候心情也调整好了，他把不开心的事都丢在脑后，像一个男子汉一样走了出来。他没有再责怪哈德莉，既然来了，雪还是要滑的，既然滑，那就开心地滑。洛桑会议结束后，报社给了海明威一笔可观的薪水，他带着哈德莉和朋友们一起到山上滑雪。

滑雪也为他心情的复原起到了不可磨灭的作用，海明威后来不再纠结，丢了原来那些写得并不成功的稿件也许会让他摆脱以往的束缚，让思维更加无拘无束。

从瑞士回到巴黎之后，欧洲的局势平稳了很长一段时间，作为记者的海明威可以稍作休息。他拜访了那些在巴黎的前辈与好友，继续交流写作，摩拳擦掌地为自己的下一个作品做着准备。

他还曾经骑着自行车周游法国，随便在哪个咖啡厅点上一杯便宜的咖啡，在那张桌子上一写就是一整天，他规定自己每天至少写一千字，但是很少有让自己满意的。

那时的哈德莉已经怀孕，海明威刚知道时还有些接受不了，年轻的他还没有做好当父亲的准备，已过而立之年的哈德莉对这个孩子很珍视，坚决要留下来。他像一个大男孩一样去找斯泰因和庞德倾诉，斯泰因在她的自传里记录到："他大概早上10点就来到我家，一直待到吃完午饭，又坐了整整一个下午，快到晚上10点的时候，才突然宣布说，他的妻子怀孕了。然后像个孩子般痛苦地说自己还太年轻，当不了父亲。"他们恭喜海明威并让他消除后顾之忧，孩子出世后他们会帮着带。庞德还热情地邀请海明威和哈德莉到他在地中海边雷巴纳的别墅里住，地中海温暖的气候，充足的阳光对孕期的哈德莉很有帮助。

海明威和哈德莉来到地中海海岸，美丽的风光，开阔的大海让他心里不再万分郁结。他用打字机打出一篇稿子，记录下他们两人当时的生活，说每当和哈德莉一起躺在床上的时候最幸福，床很大，虽然地中海的空气让被子很潮，但躺下的时候什么都可以想也什么都可以不想，他常常整晚不睡躺在床上，觉得这是难得的享受。他告诉自己，以往的事已成过去，从现在起才是未来。他还写信给在巴黎的斯泰因，问她还有没有关于写作方面要嘱咐他的话，因为他已经有一段时间没有写新的东西了，他现在处于"最艰难的时刻"。

雷巴纳的山上有一座寺庙，经常有人在寺庙里清修，爱德华·奥博瑞恩也选择在那里休息。爱德华是一个文坛要人，他自己也写诗歌和其他作品，出版后影响不是很大，但是他在文学评论方面很有造诣，当时他在选编1922年的年度最佳短篇小说。

海明威到那里拜访了他，他问海明威可有现成的作品。海明威拿出仅存的几篇稿子，当时巴黎有家出版社正准备出版他的作品。幸好这些稿件存在出版社编辑那里，才免除了遗失的不幸。

爱德华对海明威的几篇小说评价很高，尤其是对于《我的老人》这篇情有独钟，打算放在优秀短篇小说集里。海明威本人对这篇小说并不看好，小说写的是一个孩子知道他一直敬仰的父亲是个小偷后的震惊与痛苦。这不是海明威写作的主要题材，这类题材并不能给他很大的刺激。但不管怎样爱德华的肯定以及入选到优秀作品集里是对他极大的肯定。这给处于低谷期的海明威注射了一支兴奋剂，让他重新振作起来。

在雷巴纳住了一段时间之后，海明威和哈德莉一起到了威尼斯北部柯迪纳，这是一个山区小镇，山上有清新的空气和明媚的阳光，冬季里的皑皑白雪成就了美丽的风景。海明威在这里恢复了他的创作欲望，又埋头写了起来。他的素材和灵感来源就是他当记者期间记在蓝色笔记本上的东西。起先在本子上的只是一句话，他慢慢地扩展成段落，再扩展成文。一遍遍地认真修改才能最终成为让他自己满意的一篇文章，就像雕塑家手下的雕塑一样，精心打磨才能成为精美的艺术品。他一口气写了六篇，把这六个短篇小说命名为《1922 年的巴黎》，柯迪纳成了他从头做起的地方，他在这里待了一个冬天和一个春天。

第四章　崭露头角

1. 西班牙斗牛

1923 年 2 月 18 日，报社给了海明威一项采访任务，报道德国和法国关于鲁尔区的冲突。他接到信和哈德莉简单告别后，就匆匆上路了。

1923 年 1 月，法国当时的雷蒙·普恩加来政府下令出兵占领了德国的鲁尔工业区，目的在于胁迫德国支付战争赔款。这是第一次世界大战的遗留问题，在战争结束后，包括时任法国总统的克里孟梭在内的几个战胜国首脑，通过主持召开和会，签订了一系列条约，主张削弱战败国。其中规定德国要向法国支付大量的战争赔款，但是德国一直没有履行。法国在 1923 年采取了占领鲁尔区的策略，试图逼迫德国还款来缓解本国的经济压力。鲁尔区是德国重要的工业基地，法国占领鲁尔区对德国的影响很大，直接导致德国的失业率急剧上升，物价飞涨，通货膨胀严重。当时流行着一种夸张的说法：用 100 马克纸币买到的煤产生的热量和直接烧纸币的热量一样多。纳粹分子势力抬头，有了利用群众不满情绪的可乘之机。

海明威这几年一直在欧洲，对欧洲的态势比较清楚。1922 年 2 月，他曾经给报社写过一篇文章，专门讨论了第一次世界大战后克里孟梭在法国政治地位的问题。9 月时海明威还在大西洋海滨的疗养地当面采访过克里孟梭，所以这次报道对他来说难度并不大，但是也耗费了一个半月的时间。他在德国奔走了很多地方，法兰克福、美因兹、科隆等，好全面地了解德国的国情。当记者这些年来，海明威已经采访过很多次，报道也写过很多，他对国际形势的分析都可以很准确。这次他给报社寄去了 10 篇报道文章，稿子写得很成功，被认为是他给报社所写稿件中分析最彻底、最认真的一次。

海明威在鲁尔区待到 4 月份才彻底结束工作，然后他在巴黎转车到了柯迪纳，与哈德莉相见。两人在 5 月份回到巴黎。和他们一起回巴黎的还有一个出版商兼作家罗伯特·麦克阿尔蒙，他和海明威是在柯迪纳遇见的。麦克阿尔蒙表示对于海明威的书很感兴趣，愿意由他们出版社出版。

1923 年夏天，罗伯特·麦克阿尔蒙和他的朋友比尔·巴德邀请海明威一起到西班牙度假，他们想看斗牛，还提出可以为海明威支付一些费用，海明威当然一口答应。虽然海明威之前曾经两次到西班牙看斗牛，但是真正住下来看完整个赛季的斗牛还是第一次。5 月底的时候，他们一起前往西班牙首都马德里。

在西班牙，每当有斗牛比赛的时候，人们就像迎接节日一样，穿上盛装，载歌载舞。每天天刚亮街上就会放鞭炮、鸣笛，这是斗牛前放牛出圈的信号。所有参赛的公牛都必须是经过严格挑选和培育的凶悍的公牛，都有硕大锋利如匕首的牛角，它们都是从全国挑选出来送到当年比赛的城市。这些牛会先运到城外圈养着，等到斗牛的那一天，打开圈门让它们自己跑出来，成群地跑到大街上。这些牛会被挤在大街上的人群赶到斗牛场。想参与赶牛的人听到鸣笛、放鞭炮就往大街上走，挤在人群最前面的一般都是精壮的小伙子，手里拿着红布，他们虽不是真正的斗牛士，但这时也可以过过瘾。妇女们都穿着蓝布裙，带着红色的头巾，在人群的外围边唱边敲鼓。

他们三人每天都会起个大早跟着人群热热闹闹地跑，边喊边笑。斗牛比赛一般在下午举行，有时晚上也有，但晚上比赛时就不会有下午那么优秀的斗牛士和勇猛的公牛了，一天中斗牛的高潮在中午。斗牛的精彩程度与斗牛士的技巧息息相关。斗牛士穿着精美的民族服装上场，他们挥舞手中的姆莱塔（斗牛士手中红色的布）引逗公牛，不断展示优美轻盈的斗牛技艺，将公牛的体力渐渐消耗掉，并且在最后将公牛刺死。如果斗牛士在比赛中被公牛抵死，那么，没有被斗牛士杀死的牛最后也会被人用剑刺死，它的头骨将被永远纪念。这的确是一场用生命来进行的游戏。

麦克阿尔蒙原本对斗牛很感兴趣，但是真的看到斗牛之后又产生了反感，他觉得斗牛比赛过于惨烈，他写道："刚开始时，眼前发生的似乎不是真实的，好像是在电视荧幕上的一样，一头公牛在马匹刚入场时迎头冲上去，将马顶在它的头上。后来有一匹被刺伤的马绕着场子跑，踩烂了自己从伤口流出的肠子。我显然不喜欢这样的事情。而且在看台上完全没有危险的人，不顾斗牛士的安全，不断地向场内抛掷物体，表现得残忍而没有素质。"海明威却十分兴奋，他把斗牛看作一场伟大的悲剧，并不像人们所想的那样野蛮和残忍。斗牛士如芭蕾舞般的动作灵活优雅，充满美的享受，这是比任何运动都需要勇气和技巧的，尤其是勇气。他们所住的旅店就是斗牛士们聚集、落脚的地方，海明威经常被那些英勇潇洒的斗牛士所吸引，找机会和他们攀谈，学到了很多斗牛的专业术语和西班牙语。徘徊在公牛犄角和斗牛士手腕间的死神让生命变得精彩无比。海明威从斗牛中看到了悲剧性审美，这与他以后作品中强调的悲剧意识和硬汉精神息息相关，也与他凶残、暴力、死亡联系在一起的题材有关。"我从来没有在战争以外的地方看到暴力致死的画面，我想这是唯一的地方。我想从最简单的事物开始学习写作，在我看来，暴力之死就是一件简单的、基本的事。"

麦克阿尔蒙真是有点叶公好龙的感觉，他的态度让海明威鄙视，原本是麦克阿尔蒙提议来西班牙看斗牛的，可真正到现场之后却表现怯懦。他对麦克的傲慢是显而易见的，他甚至在九年后写成的小说《午后之死》中对他进行讽刺："第一次看斗牛时带了一瓶白兰地，斗牛开始前喝了好几口。公牛和马相撞时，他突然发出尖锐刺耳的叫声，场上每次有交锋他都要重复叫嚷……他没有喜欢的运动，不喜欢任何冒险的游戏。他关心的只是轻松的娱乐、闲聊、夜生活和游山玩水。"对于海明威的态度麦克阿尔蒙还是慷慨地一笑了之，继续为他支付在西班牙的费用。因为麦克阿尔蒙知道如果论武力，自己绝对不是海明威的对手。更何况，他还想把海明威拉进自己新成立的出版社。

回到巴黎后，他们一起商量作品出版的问题，海明威提供了三个短篇小说：《在密执安北部》、《我的老人》、《禁捕的季节》，麦克阿尔蒙想出版一本书，但是三篇小说的内容太少了，海明威又拿出了十首诗歌，最后集子的名字定为《三个短篇与十首诗》。1923年7月21日，是海明威24岁生日，这一天他的第一部作品集在巴黎出版，这本书虽然只印刷 300 册，但是对他个人的意义是不能简单估量的。后来，比尔·巴德也将海明威的六篇随笔买去，又让海明威再写几篇关于斗牛的新作，打算以《在我们的时代里》为名出版。

为了把巴德要的稿子赶出来，海明威又去了一趟西班牙，因为他觉得自己对西班牙斗牛的了解还太少，要能真正写出自己的感受和思考必须得再下点儿功夫。恰好当时的潘普洛纳城正在过圣·弗明节，整整一个星期都会有斗牛赛。海明威跟哈德莉说了他想再去西班牙的想法，哈德莉表示愿意一同前往。哈德莉当时已经怀孕五个月了，但是他们俩都觉得不会有什么影响，海明威这次不再像上次那样跟着人群赶牛了，老老实实地在旁边观察，照顾哈德莉。而且，他们都觉得哈德莉腹中的是个男孩，带着他们的"小宝贝"一起去看斗牛，好让他早日感受到男子汉的气息。

海明威和哈德莉两人乘着大巴车前往潘普洛纳，等他们到的时候，旅店都已经住满了人，街上都是热情狂舞的人们。海明威好不容易找到一家偏僻的小旅店，却只有单人间。在那家旅店里住一晚要 10 美元，对着厨房通风口的那间可以只付 7 美元。海明威和肥胖的女店主争执了很长时间，想让对方把房价降一降，结果没有得到同意。最后，店主提出了另一套方案，他们可以在城里的另一处房子里住，回到这家旅店来吃饭，可以每天只收他们 5 美元。海明威夫妇在店员的带领下来到住处，虽然离得远了点，但是房间挺大也很干净，他们就付钱住下来。他们收拾好行李就兴致勃勃地去了大街上，一切都像充满魔力一样吸引着他们。街上的人们都展现出西班牙人能歌善舞的特点，用舞蹈和音乐向他们表示欢迎。他们感到了由心底里升起的快乐和轻松。

　　海明威觉得这里的斗牛要比马德里的精彩很多，因为圣·弗明节是西班牙很重要的宗教节日，全国优秀的斗牛士都会齐聚这里，在圣·弗明节上获得的荣誉分量会更重。参加这次斗牛的是八位顶级优秀的斗牛士，他们在斗牛场展示了让人们叹为观止的技艺，观众每次都会为他们捏一把汗。面对凶猛的公牛他们也敢尝试从未表演过的手法、身段。在海明威看的这次斗牛中，八个斗牛士中有五个被牛用牛角挑伤。但是最优秀的斗牛士尼卡诺尔·比拉尔塔并没有受伤，不管他面临怎样的危险总能巧妙地脱身，他的身体就像一匹幼狼一样矫健，柔软而灵活。海明威看了几场尼卡诺尔的表演之后就成了他的崇拜者，他甚至和哈德莉商量要把他们的儿子取名为尼卡诺尔。

　　还有一位斗牛士也给海明威留下了深刻的印象。他就是曼努埃拉·加西亚，人们都叫他马埃拉。他一上场就表现出很强的气势，他冲着公牛大吼了一声，公牛听到声音冲着他奔跑过来。马埃拉灵活地躲开，接着他跟公牛来回周旋，做着精彩的表演。然而有一次他没有能及时躲开，被公牛用两只犄角卡住一直抵到栅栏上。当时马埃拉已经很累了，健硕的公牛也呼呼地喘着粗气。这个场景一直持续了十几秒钟，观众们都惊呆了，整个看台安静极了，紧张的气氛像一块沉重的石头压在人们心口，大家连口大气都不敢出。然后，只见马埃拉举起手中的匕首快速有力地向公牛刺去，但是匕首没有扎中公牛，那头公牛比他提前一步向他反攻，用牛角将他挑起，摔在地上。在落地的时候马埃拉用手撑了一下地面，接着倒下去，看来手腕已经受了伤，看台上顿时发出叹息的声音，大家又为他捏了一把汗。之后马埃拉又试了很多次想用剑刺死公牛，但都没有成功。而公牛变得越来越暴怒，先后将他挑起来 20 次。但是顽强的马埃拉毫不放弃，一次次咬牙坚持，当被马埃拉的剑刺中的公牛轰然倒地的那一刻，观众席上响起了经久不息的掌声。马埃拉满身伤口，手腕肿得有以前的两倍，他躺在地上，大口大口地呼吸着空气，闭着眼睛开心地笑着。这一幕深深地震撼着海明威，他决定把马埃拉这个男子汉写在自己的书里。

海明威看过这么多场斗牛之后越来越佩服斗牛士，他们身上不仅仅有精湛的技巧，也有常人没有的勇气，更重要的是他们有一种"重压之下优美的风度"。斗牛士们用自己的强大战胜自己的恐惧，战胜死神，成为让人崇敬的强者。

看完斗牛的海明威和哈德莉回到了巴黎，他除了每天忙着赶稿子，也会照顾行动越来越不方便的哈德莉。根据考察和比较，哈德莉认为巴黎的医疗条件不如多伦多好，多伦多医院里的设备和医护人员的水平比较让人放心。所以，他们在1923年8月17日的时候坐上了开往美洲大陆的"安达尼亚"号轮船，8月27日的时候他们到达了加拿大的魁北克，之后又去往多伦多。海明威在欧洲战地记者的任务已经完成，也需要回去交差，然后在报社找一份固定的工作来养活即将变成三口人的家庭。

海明威的事业和家庭都有了令人欣喜的收获，但是也有生活的压力。人的成长总是在不知不觉中完成，随着日子如水般一天天地流过，曾经的毛头小子一点点成长，也要开始做父亲了。

2. 另起炉灶

海明威回到多伦多之后，想到《多伦多明星报》找一个职位，但是由于报社改组，他原本的宏图大志没能得到展现。报社主编换了人，原来赏识海明威的主编退休了，现在的主编助理欣德马斯是他的顶头上司，他是因为娶了《多伦多明星报》老板的女儿才坐上这个位置的，没有什么真才实学，却嫉贤妒能。欣德马斯对于这个在欧洲得到广泛认可的驻外记者并不重视，他常常给海明威安排一些普通记者甚至是新手做的事，如去采访和报道一些鸡毛蒜皮、微不足道的事情，有时海明威甚至连署名都没有，这让海明威感到很屈辱。

海明威经常被派往很远的地方进行采访，路上就需要很长时间，他的精力被分散在不同的地方，实在抽不出时间来写作了，有了灵感也只能先简单地记在笔记本上，然后腾出时间和精力去做繁杂的采访工作。这让他心里无限烦躁，情绪低落。哈德莉的预产期快到了，海明威很想请假在家中陪她，但是报社还是给他安排了采访任务，而且还需要到外地出差。身在异地的海明威心里时刻挂念着家里，当采访刚结束的时候他接到了哈德莉被送到医院的消息。他连夜坐车，直接赶到医院。好在母子平安，哈德莉为他生下了一个白白胖胖的儿子。就照着当时他们在西班牙的想法，给孩子取名为约翰·哈德莉·尼卡诺尔·海明威，他们也管孩子叫邦比，在英语里是宝贝的谐音。现在海明威已经成了一个新生儿的父亲。

安置好哈德莉和小约翰之后，海明威匆匆赶到报社交采访稿，结果却被欣德马斯批评了一顿，质问他为什么不能在下车后先到报社交稿子。海明威的怒火一下子冒起来，当即摔门出去。

此后又发生了一件让他忍无可忍的事情。海明威被派去采访一个匈牙利的高级外交官阿波尼伯爵，伯爵知道很多关于纳粹和法西斯主义的内幕，他把这些整理成了一份文件，海明威通过各种努力，取得了伯爵的信任得到了这份难得的文件。因为文件内容关系重大，伯爵一再嘱咐他要保管好，用完要立即还回来。海明威向伯爵做了保证。海明威回到报社就按规定将文件交给了欣德马斯，并告诉他要妥善保管。但是第二天当海明威去他的办公室去拿文件的时候居然找不到了。想到文件的重要性，万一流传出去一定会产生特别严重的后果。所有人都在心急火燎地找材料，结果海明威在一堆即将要被粉碎的废纸堆里找到了它。海明威怒不可遏，当场就将胸前的工作证摘了下来摔在地上。在这样一个不懂得尊重别人又愚昧无知的领导手下只能受窝囊气。

海明威觉得自己的能力得不到施展，每天劳累的工作让他格外愤懑，他认为自己不应该为了面包钱而让自己的心受如此委屈。"我必须敢于跳跃"，海明威终于做出决定，在新闻记者与职业作家之间做出了选择。1923年底，海明威向报社提交了辞职信。

哈德莉不同意海明威递交辞职信，她认为就单为孩子考虑也不能这么武断，两个人没有一份固定的收入根本不行。但是海明威去意已决，绝对不会再听哈德莉的建议，他们大吵了一架，海明威独自一人回到橡树园的家里。格蕾丝和克拉伦斯都还没有见过刚出生的小孙子，这次儿媳和孙子没能回家让他们感到遗憾。格蕾丝为小约翰准备了很多礼物，让海明威给他带过去。在1924年1月，海明威返回到多伦多，和哈德莉一起收拾好行李，又一次前往巴黎。

巴黎城依然如昔日那般优雅美丽，他们又一次站在塞纳河边，巴黎的冬天没有加拿大那么冷，塞纳河没有结冰，还是在平静地流着，一切仿佛又回到从前。不过小约翰的哭声提醒着他们得赶紧找个住处了，毕竟是冬天，孩子经过一路的颠簸，又在寒风中吹了很久，已经开始反抗，表达着自己的不舒服。

这次他们多了一个孩子，家里多了不少开销，而他们现在的经济来源却出现了巨大的危机。海明威辞去工作，没有了固定收入，哈德莉的信用基金也不知什么原因，连续好几个月都没有收到，他们陷入了从未经历过的困境。

他们不再像以前那样花钱大手大脚，住宿也从原来繁华的市区搬到了郊外租金便宜的地方。他们在一个锯木厂的楼上租到了一个不大的套间，海明威和哈德莉只有几包简单的行李，但有一大堆的书籍。房间不大，海明威晚上需要用褥子铺在地上做床；没有独立的卫生间和浴室，甚至连自来水管都没有，平日里用水需要从院子的水龙头接水，然后再提上来。白天锯木厂工作室尖锐的声音简直让人的心肝都在颤动，哈德莉白天都会把幼小的儿子抱出去，有时去公园，有时去邻居家或者斯泰因的家中做客，斯泰因倒是很喜欢这个健壮的小宝宝，经常给他买各种各样的婴儿用品，给他缝漂亮的小垫子。可这声音却苦了海明威，生活的拮据已经让他没有办法出入咖啡馆和餐厅这样的地方躲避噪声了，他只能选择在晚上写作，但是又不能使用打字机，打字机工作的声音会把儿子约翰吵醒，只好用铅笔在纸上写。

他白天会去博物馆逛逛，观看那些艺术大师的经典作品，也用艺术大师的奋斗历程来自我勉励："塞尚也是饿着肚子画画的。"这些精神食粮为他提供写作的动力。后来，他就找到了白天在体育馆做陪练的工作，他做的是职业拳击手的陪练，虽然很累，但能让他学到很多拳击技巧，打得很过瘾，也清醒了头脑。他常常一个人在外面随便吃一些廉价的三明治和炸土豆做午餐。他现在这样一种类似苦行僧一般的生活才是每一个到巴黎奋斗的艺术家的必经之路，在一个人成名之前，挨几顿饿是屡见不鲜的。真正属于他写作的时间只有晚上和早晨，他只有趁着清醒抓紧时间写，提高写作效率。他得找写作素材，还得让这些素材在脑子里活跃起来，这要是没有一个清醒的头脑是很不容易的。

哈德莉在这段艰难的日子里显出隐忍和大度，从小生活优越的她即使在这样的处境中也是对丈夫尽力支持，没有怨言。直到海明威接连拒绝了好几家报社的邀请，哈德莉才忍不住又开始不满、发脾气。她不懂为什么海明威不能先解决家里的经济难题，而一心想着自己的创作。贫贱夫妻百事哀，家里经过一段时间的困窘之后，少了欢乐和笑声，多了一些琐碎的烦恼。哈德莉没有多余的时间和钱去买衣服、化妆品，而且穿过时的衣服和破到无法修补的鞋子上街也让她感到羞愧。哈德莉将更多的精力分给了约翰，不再像以前那样悉心照顾海明威，她也开始疏于管理自己的形象和身材，那没有营养的食物让哈德莉开始发胖了，窈窕的身材渐渐消失，使她和海明威之间的年龄差距赤裸裸地显现出来。哈德莉还无休止的唠叨。海明威渐渐失望，两人之间慢慢地少了很多夫妻间的甜蜜与炽热。他的失望和不满都能够在他这一时期的小说中看到，如《雨中的猫》、《痴心女郎》、《不合时宜》等，文中所写的都是因为妻子的愚蠢和强势引起丈夫的不满，而引发争吵，最终导致夫妻关系破裂的故事。

当夫妻二人面对困窘的生活而日日寡欢的时候，热心的庞德为他推荐了一个工作。一个叫福特·马多克斯的英国人想办一个文学期刊，福特之前做过编辑也自己写过东西，他的《好兵》以自己的军旅生涯为题材，在当时有一定的影响。福特在参战之前办过一本《英语评论》的杂志，大力扶植新人，劳伦斯、刘易斯、庞德在默默无闻的时候，福特都曾帮助过他们，发表过他们的很多文章。后来因为福特应征入伍，在战争前线中又受了伤，《英语评论》不得不停刊。福特在英国的乡下隐居了很多年，也许是壮志未酬，他1922年秋天来到巴黎，想重新办一份杂志，当时福特已经将近 50 岁了。福特筹备了一年，找到了投资人，现在正在寻找一个真正懂文学的人来帮助他一起工作。

庞德曾经接受过福特的帮助，现在庞德也很想帮助海明威，庞德跟福特说海明威是一个很棒的散文家，曾经做过记者，诗歌写得也很不错，他很希望能够促成两人的合作。海明威这次来巴黎是抱着一个文学创作的梦想来的，不接受报社的邀约是认为新闻报道和文学创作之间的差距很大，而福特的《泛大西洋评论》是具有文学性质的，与他的写作相关，就答应了。他们第一次见面时，海明威正穿着宽大的衣服，踮着脚尖打太极拳。福特对他的第一印象是"像个东方和尚"，但是有着独特的魅力。福特很喜欢这个"眼睛里放着光"的年轻人，对海明威做他的搭档很满意，两人一拍即合，海明威成为《泛大西洋评论》的副编辑。

海明威将自己这段时期写的几篇作品拿出来，得到福特的认可后便接连发表在杂志上，他终于有了稿费来贴补家用。在做副编辑的时日里，他的创作热情也高涨起来，接连写了很多优秀的作品，如《五万美元》、《归来的战士》、《医生和他的妻子》、《印第安营地》等，这些作品也大多发表在《泛大西洋评论》上。福特很欣赏海明威，有一次去芝加哥还专程到橡树园看望海明威的父母，并对海明威大加赞赏，让他的父母很高兴。当收录了海明威好几个短篇小说的第二本作品集《在我们的时代里》在巴黎出版时，福特还热情地为他作序，说："海明威是当今最优秀的美国作家，他严肃认真的态度和娴熟精湛的写作技巧是没有人能比得上的。"

有了一定的经济来源后，海明威又在外面另租了一间安静的房间，好让他可以逃离家里的噪声与琐事，安心写作，但是福特却常常来破坏这份宁静。福特是一个喜欢热闹的人，他经常来到海明威的小屋做客，天南海北地聊很长时间，海明威又碍于面子不好说出送客的话，只好陪着他坐，在他走后再加班加点。

事实上，福特并不是一个很好的经营者，他对杂志社的管理存在很多问题，很多环节存在漏洞，但却毫无察觉，只是十分热衷于参加和组织各种聚会，他对社交的喜爱远远超过其他。每周四的时候，《泛太平洋评论》都会有一次茶话会，他还定期在自己的家里举办舞会或者烛光晚餐。海明威一心想着自己的小说，对于这些感到不胜其烦，但他在聚会中也结交了很多人，扩大了自己的交际圈。有很多有特点的人成为他笔下人物的原型，不久后写作的长篇小说《太阳照常升起》也是从这一次次的舞会中找到的灵感。

两人在一起工作肯定会有摩擦，福特和海明威的矛盾也渐渐显现出来。在海明威眼里福特是个爱慕虚荣的人，其实海明威自己也经常对自己的经历进行夸张，好得到别人的仰慕，但他却忍受不了福特说话做事满足自己虚荣心的方式，所以经常在背后拆福特的台。两人在工作上的最大的矛盾是海明威不能忍受福特在传统文学与先锋文学之间的徘徊与妥协，福特对于英法文学的偏爱和对其他流派的轻视也让海明威感到不满。海明威认为福特完全忘记了当初提拔新人的目的，作为副主编的海明威经常不经过福特的同意，将自己认为不错的稿子进行排版。

7月份的时候，《泛大西洋评论》的主要投资人约翰·奎因突然去世，这给杂志社带来了很大的麻烦，他们想办法寻找新的投资人，但是并不理想。福特想办法到美国去筹集资金，杂志的事情就全权交给海明威来办理。杂志社事情繁多，海明威不得不放弃正在进行的创作而全身心地投入其中。同时，海明威还是很希望能有这么一个机会，能让自己独立负责。他对之前的《泛大西洋评论》进行了很大的改革，取消了福特选入的一篇长篇小说的连载，反而放进去很多之前被福特拒绝过的稿件，甚至还打算连载斯泰因的大部头作品《造就美国人》，海明威写了几篇讽刺达达主义的文章，没有署名发表，而达达主义正是福特所支持的文学流派。海明威似乎故意在通过反叛来宣泄自己以前的不满。福特回来之后，7 月份的杂志已经出版了，8 月份的杂志也已经交给了印刷厂，福特只好临时加了一个编者按，来对调整做了一下解释。

福特筹集资金的工作进展得并不好，杂志社运营得很艰难，海明威找到了自己以前的一个朋友克莱布斯·弗兰德，他娶了一个有钱的孀妇，手头很有钱，海明威劝说他给《泛大西洋评论》投了 5 个月的资金，又使杂志社撑了一段时间。但是到了 1925 年 1 月，《泛大西洋评论》杂志社还是停刊了。

3. 孤独的写作者

我们可以说海明威是一个成功者，和其他同龄的年轻人相比，他走得比别人快，也比别人顺利很多。18 岁走上战场并获得银质勋章，22 岁结婚，23 岁成为一个有影响力的记者，24 岁的生日礼物是自己的第一部作品集。但是，生活从来都不会给予太多，"欲戴王冠，必承其重"，想要获得成功就必须付出相应的努力。海明威的目标是想成为一个可以撼动世界的作家，想要实现这个目标他必须经历更多。海明威后来获得诺贝尔文学奖时说："写作，哪怕是在最成功的巅峰，也是一种孤独的生活。"这句话应该是他亲身经历后的肺腑之言。

海明威又一次开始了全职写作的日子，没有工作。在《泛大西洋评论》上发表的文章使他有了一定的知名度，而且出版了两本作品集，虽说是非正式的出版社出版的，但也引起了评论家的一些注意。以安德森为代表的很多人都对他的写作持肯定态度，认为他的作品风格纯正，表达明快直接，很多小说都使用了当时很新潮的意识流写法，安德森还说他的散文是一流的。有多家报社来请他过去，但是海明威又一次次拒绝了，他不想再受制于其他外在因素，很想专注地把握现有的灵感，写自己的东西。

困境是对一个人巨大的考验，但是海明威似乎在挑战中没有认输。他还是坚守初心，不忘记曾经的梦想，坚持写作。他每天都起得很早，一天的写作就从早晨开始。这是他多年来坚持的习惯，早晨的时间周遭是最安静的，只能听到铅笔和纸张摩擦的声音，这种声音仿佛有魔力一般让人沉静而着迷，海明威会听着这种声音一直写。有时打字机的嘀嗒声会替代铅笔声，那让海明威更有自豪感。为了节约成本，他平时都只用铅笔来写作，只有在文思泉涌，写作十分顺畅的时候才会换成打字机。他喜欢站着写作，踩在厚厚的毯子上或者穿一双大号的鞋子，在齐胸高的木板上写字，写完一张纸就夹在旁边的一个文件夹中，再从木板下抽出一张纸接着写，每天他都会在自己写得顺利，并且有思路知道下面该怎么写的时候及时收笔，好在第二天的时候沿着思路继续写下去。如果写好的手稿多了他就用打字机把它们敲出来，有时哈德莉会过来帮他打字。第二天开始写作时他都会再读一遍自己昨天的成果，然后再继续写下去。他会每天给自己规定写作的进度，并对每天的进度做记录，整理成表格贴在墙上。如果这一天超额完成了任务，第二天就可以放松一下，或去喝酒，或去打拳击，还会到书店看书。

虽然生活拮据，但是海明威对于买书是毫不吝啬的，在他自己租住的房间里摆了满满一墙的书，他读了很多，并学着揣摩分析别人的作品，向世界级的大师们学到了不少技巧。如列夫·托尔斯泰对战争的描写，他有着丰富的战争知识，可以在作品中向读者详细有序地展现俄罗斯军队的情况和高级将领的生活，其作品《战争与和平》中描写了很多宏大的场景，战争、宴会等，这种高超的写作能力让海明威很佩服。很多作家的作品也在潜移默化中影响海明威，马克·吐温的诙谐幽默，菲尔丁的讽刺手法和屠格涅夫《猎人笔记》中对丛林及打猎的描写、契诃夫、莫泊桑等人短篇小说的结构和思想等。他每年都会拿出托尔斯泰和莎士比亚的作品来读，就像给自己"充氧"一样。

海明威还会从画家和作曲家那里吸取营养，在他小时候格蕾丝常带着他去博物馆看画，培养了他欣赏画作的能力。丁都莱多、凡·高、塞尚、戈雅、乔托的绘画为海明威开拓了想象力的空间。海明威还从巴赫等作曲家那里学到了音律学与声音的对位，对于节奏感对作品的影响也有了深刻的理解。

当时海明威其实可以写一些当时社会上流行的作品，加入让人喜欢看的色情、暴力、悬疑等因素，但是海明威视那些为文学作品的"毒瘤"，暂时的利益却会损坏掉自己的文学素养与格调，所以，海明威没有像某些作家一样为了迎合社会大众的需求而写一些不能称得上文学的作品。

海明威的小说忠于现实，他描写自己观察了解的人或者写自己的经历，立足生活对其进行艺术加工，让作品更有可读性。他不会去写道听途说的东西，所有的作品中都力求要体现出真实的情感。

另外，海明威还尝试用"冰山理论"来指导自己写作，这是他总结出的一个写作原则，即"人的语言对于人的思想的表达就好像冰山一样，有八分之七的部分在水下，来突出露在水面上的部分。人的语言是不足以表达思想的，对于作者而言，也没有必要写得太过于直露，要留出空间给读者思考。"所以他的作品写得洗练简洁，绝对不要多余的部分，只用寥寥数语交代事件，背景则隐在文字背后或者干脆不做展现。他对小说要求很严格，都要经过反复修改才过关。

海明威这一时期的小说还有一个特点，可以称为"零度结尾"。结尾对于一篇小说很重要，一个好的结尾可以让人留下深刻的印象，可以为小说增色不少。很多文学大家都很看重小说的结尾。如欧·亨利的小说永远给人意料之外又在情理之中的惊喜；契诃夫则会在结尾处留下意味深长的一笔。而海明威的小说结尾总是很平淡，仿佛没有刻意的经营。结尾很少能够提供新的信息，只是情节照常发展然后戛然而止的感觉。如《大双心河》的结尾："尼克爬上岸，穿过密林，向着高地走去。他再回头望时，看到另外在林中隐约可见的小河，以后到沼地里钓鱼的机会还多着呢。"仿佛故事还没有讲完却突然停止了一样，小说就定格在那里，让读者自己去体会和想象。

海明威在租住的小屋里孤独地写作，虽然他很有天赋，但也辛苦。海明威从小就很有实干精神，他知道不去练习就不会游泳，不去射击就不能瞄准，如果不去写作就永远不可能写成作品。他拒绝懒惰，因为没有一个懒汉可以成为艺术家。海明威不会因为暂时的困境就丧失希望与勇气，这就是他在窘迫时拥有的最大的财富。

4. 文坛新星

海明威独自写作期间，他的第二本作品集出版拿到了一笔出版费，这使他的日子好过了一点。斯科特·菲茨杰拉德是海明威的朋友，他比海明威年长三岁，已经写出了五本畅销书，他的第一部长篇小说《人间天堂》就一炮而红，1925 年 5 月刚出版的《了不起的盖茨比》更是让他得到了极大的声誉，拥有很多的读者。斯科特·菲茨杰拉德一直在向出版社写信推荐海明威的作品。在美国的安德森这时也在热心地帮他寻找合适的出版商。最终，海明威的作品打动了两个人，柏奈和利夫莱特，他们是美国一家出版社的老板。利夫莱特首先提出了合作，他先支付给海明威二百美元，合同要求海明威将接下来三部作品的优先出版权给他所在的公司。

10 月份的时候，利夫莱特公司正式出版了海明威的作品集《在我们的时代里》，海明威将这本书献给了哈德莉，这次出版的虽与原来的作品集同名，但已经在原来的基础上又添加了十几篇作品。这次出版后的书销售了一千三百五十多册，这是他在美国出版的第一个作品集，他的父母都看到了这本书，父亲来信肯定了他的成绩，也提出了一些意见，鼓励他继续写下去。但评论界依然没有太大的反响，海明威有些失望。他将精力放在下一部作品《太阳照常升起》上，这是他新的希望。

当时斯泰因建议他出去散心而不要老是把自己关在房间里，那不利于写作。他接受了建议，相约和史密斯、斯图尔特等人一起去西班牙看斗牛，7 月份的时候是整个西班牙狂欢的节日。他们沿途路过巴荣纳这个美丽的小城，停了下来游玩、捕鱼。海明威钓鱼的技艺没有退步，经常能钓到让大家称赞的大鱼。在一天的钓鱼活动结束后，他们就在河边把鱼收拾好，晚餐就吃自己钓上来的鱼。

等到斗牛开始的时候，他们也都到达了西班牙。这已经不是海明威第一次到西班牙看斗牛了，他比同行的伙伴更加熟悉，热情地向他们讲解斗牛的规则，还向他们描述公牛出圈以及自己看过的精彩场景。他们在潘普洛纳的蒙托亚旅馆落脚，这是聚集斗牛士最多的旅馆，在墙上到处都贴着优秀的斗牛士们的照片和简介，英姿飒爽的斗牛士们都在自己最具风采的时候被定格下来，成为永远的记忆。很多以营利为目的的斗牛士大多都只参加一次比赛，而真正热爱斗牛的职业斗牛士们则是赛场上的常客，个个都是身怀绝技的人，能够带给人们无与伦比的精彩表演。

在斗牛开始前，海明威专门拜访了著名的斗牛士凯埃塔诺·奥多涅斯，奥多涅斯是一个十九岁的少年，已经练习斗牛很多年，参加过很多比赛，很受欢迎。他长得英俊挺拔，身穿规定的斗牛服装，显得矫健豪迈，这是海明威最欣赏的一名斗牛士。奥多涅斯参加的每场比赛都要持续几个小时，他总是不慌不忙优雅地在场上抖动斗牛用的穆莱塔，渐渐消耗公牛的体力，穆莱塔在他手中仿佛有着魔力，变幻出各种各样的手法和花样，让庞大而愤怒的公牛一次次擦身而过，在险象环生中给人无限的刺激。

海明威一直想把这个年轻优秀的斗牛士写进自己的小说里。这次看完奥多涅斯的表演后，灵感一下子来了。这个灵感带给他的不仅仅是奥多涅斯在作品中的形象，还将他多年来思考的零碎的想法串联起来，形成了一个真正完整的故事架构。这个灵感的出现让海明威激动不已，他赶忙找到纸笔，把自己关在房内写了起来，用了两天的时间将故事的大概框架写下。

海明威在自己生日那天开始动笔写这部小说，然后由于各种原因，先后辗转于巴伦西亚、马德里、圣塞巴斯蒂安、昂代和巴黎等地，花了三个月，他的初稿终于在 1925 年 9 月 21 日在巴黎写完。写完后海明威并没有忙着投稿，"快写精改"是他的写作习惯，"写一部长篇小说，最好的办法就是从头到尾一气呵成。"他写完初稿后，又花了很长时间进行修改，改动很大，用他自己的话说就是几乎又重写了一遍。直到 1926 年 3 月底海明威才把稿件交出去，书名定为《太阳照常升起》。在书的扉页上写着斯泰因的一句话："你们都是迷惘的一代。"海明威用来形容他笔下的人物。

在《太阳照常升起》投稿之前，海明威还出版了一本篇幅不太长的长篇小说《春潮》，引起了一些轰动。当时评论界的人在评论他的前两部作品时，经常提到舍伍德·安德森，评说海明威的小说与他的很相像。安德森在海明威起步阶段确实给了他不少帮助，海明威也经常模仿安德森的写法，但后来海明威开始有意识地摆脱模仿的痕迹，找到了自己的写作风格。现在有评论说他存在模仿痕迹让他很不开心，更何况安德森过于平稳的文风在文坛已经显得有些过时了。海明威冒出一个想法，他用了七天时间写了一个和安德森的风格截然不同的小说，在小说里他对当时一些有名气的文人进行了讽刺，甚至包括他自己的朋友，其中就有安德森和斯泰因。

哈德莉当时劝他不要发表，但是他不听。稿件发给出版社几天后，海明威接到了退稿信，利夫莱特退回了稿子，因为他们不愿意因为出版海明威的书而得罪出版社的主要撰稿人。海明威转而将书稿投给了更大的斯克里布纳出版社，于 1925 年出版。斯泰因看到书后对于海明威的作为很气愤，带着怒气写了一些攻击海明威的文章。安德森则像一个绅士，对于海明威采取了不予理睬的做法，但是两人的关系陷入了僵局。海明威的行为总是带着孩子的率真，但有时会显得十分鲁莽，毕竟不应该咬那只给你食物的手。但不管是褒是贬，海明威的《春潮》都得到了很大的关注，像一种成熟的商业手段一样，借助其他人让更多的人知道了海明威的名字。

好在之后出版的《太阳照常升起》获得了极大的成功，像一个冉冉升起的太阳，照亮了当时的文坛。

《太阳照常升起》的故事情节并不复杂，对于第一次世界大战后一些欧美的青年们，尤其是参军回来的年轻人生活与情绪的描写很有感染力。"迷惘"是指他们共有的彷徨与失望的情绪。小说带有自传色彩，以海明威自己的人生经历为基础，进行了加工。主人公是一个美国青年，名叫杰克·巴恩斯，他的身上能看到海明威的经历和性格特点。巴恩斯参加了第一次世界大战，在战争中脊椎受伤，失去了性能力。战争结束后，他来到法国巴黎，在巴黎任报社的驻欧记者。他把记者的工作当作糊口的工具，因为缺乏目标和信念，他对于生活和工作都缺乏热爱和激情。迷惘中的巴恩斯在巴黎遇到了来自英国的勃莱特·阿施利夫人，两人坠入爱河。阿施利夫人在战争期间是战地医院的一名护士，在战争中失去了丈夫，给她带来很大的打击，这份新的爱情让阿施利夫人绽放出原有的光彩。但是两人相爱后由于巴恩斯的身体原因，在短暂快乐之后，他们重新陷入无望的情绪中。阿施利夫人选择追求享乐，纸醉金迷的生活只是为了摆脱现实的痛苦，巴恩斯只能借酒浇愁，但精神的痛苦不会跟着酒精蒸发走。他身边的人也是这样，有放荡不羁、纵欲过度的迈克·康贝尔，糊里糊涂又有点神经质的罗伯特·科恩等，朋友比尔分析他们是

"与土地失去了联系"才导致失去自己，在空虚的世界里需要让自己有所追求。于是，他们和一帮男女朋友去西班牙潘普洛纳参加斗牛节，追求精神刺激。年轻的斗牛士罗梅罗是一片混乱中难得的出色的人，他肌肉强健，斗志昂扬，让他们看到了为梦拼搏、不惧死亡、敢于挑战的精神，让他们找到了人生的真谛。阿施利夫人也迷上了年仅十九岁的斗牛士罗梅罗，与他相恋，希望能重新找到生活的意义。然而，阿施利夫人考虑到双方悬殊的年龄，不忍心毁掉纯洁青年的前程，结束了这段恋情，夫人最终回到了巴恩斯身边，尽管双方都清楚，彼此永远也不能真正地结合在一起。

斯泰因用"迷惘的一代"评价海明威这一代人，他们大多数都参加了第一次世界大战，在战场上目睹了有悖于初衷的战争制造的人间惨剧，无论以怎样正义的名目进入战争都会给人们带来痛苦，他们善良的激情与愿望在战争中被嘲弄。战争给他们造成了生理上和心理上的巨大伤害，尤其在心灵深处留下难以弥合的创伤。战后的他们迷失了前进的方向，变得非常空虚、苦恼和忧郁。他们想有所作为，但战争使他们精神迷惘，尔虞我诈的社会又让他们非常反感，于是只能在沉沦中度日。

当时有很多关注这类人的作家，他们本人也和小说中的巴恩斯有着类似的思想，甚至经历都是相仿的，他们的创作也有许多共同点，笔下的人物就是自己生活道路和人生观的写照。从战场上回到祖国，作为士兵的他们并没有得到实际的荣誉，还打破了自己原有的生活，失去了原来前进的方向和目标，面对人生更加困惑，对于人性、美国梦等原来坚定的信念都产生了可怕的怀疑，他们将这种情绪与思考体现在作品中。如海明威在意大利战场上认识的朋友多斯·帕索斯根据自己的经历写成的小说《三个士兵》就是一个反映美国青年厌战情绪和迷惘心理的作品；菲茨杰拉德在其小说《了不起的盖茨比》中讲述了青年阿莫瑞·布莱恩成长过程中的幻想和失望，体现了年青一代的"美国梦"的幻灭，小说中的人物被称为大学生中的"迷惘的一代"，这是另一种表现。

他们的共同点是厌恶帝国主义战争，在作品里揭露战争给人们带来的灾难，反映了战后青年一代的悲剧。他们在艺术上都很讲究表现手法的新颖及独创性，创作手法带有文化上的反叛性，对当时中年温和派作家在文坛的统治以及其代表的"高雅斯文传统"形成冲击，"迷惘的一代"作家迅速征服了编辑、出版商和读者，成为当时美国民族文学的主导声音。海明威也是这个群体的代表作家之一，他在《太阳照常升起》扉页上的那句话让他们有了一个明确的名称，"迷惘的一代"就成了专门定义这一代作家的名词。虽然他们之间并没有纲领也没有形成组织，但已经成了文坛上不可忽视的一股力量。

《太阳照常升起》发表后影响很大，出版四个月就销售出一万两千册，一年的时间里卖出两万多册。这本书被译成多种文字，在很多国家出版。海明威一跃成为文坛新星，评论界对他的赞美很多，认为他有马克·吐温的讽刺幽默，辛克莱·刘易斯的明快生动，还有厄普顿的强劲有力。很多年轻的作者开始以他的作品为模板进行写作。作品还产生了一些社会影响，"青年男子试着像小说中的男主角那样沉着冷静地喝醉酒，大家闺秀则像小说中的女主角那样伤心欲绝地一个接一个地谈情说爱，他们都像海明威的人物那样讲话"。还有很多人专门跑到西班牙去看斗牛。

海明威得到了可观的稿酬，生活也得到了很大的改善。他给自己买了崭新时髦的衣服，为他理发的理发师也读过他的书，是他的崇拜者，仔细为他修剪了一个当时时兴的胡子。很多年后，《太阳照常升起》改编成电影，又带给他八万美元的收入。

海明威在这时表现得很冷静，并开始筹划自己的下一部作品，他关心自己能否写出同样质量的作品，他不想成为一个一生只写一本书的人。这一本小说的成功让他有了压力，也使他有了勇气。

5. 告别哈德莉

当海明威的文学事业渐渐起步的时候，他和哈德莉的相濡以沫的感情却遇到了考验。

1925年3月的时候，在朋友哈罗德·罗布办的派对上，海明威和哈德莉认识了波林·法伊弗。她是《风行》杂志的编辑，也是在巴黎的美国人，她的父母都出生在艾奥瓦州，父亲保尔·法伊弗是个成功的商人，他靠自己白手起家开药店，生意渐渐做大，将业务扩展到南方小城皮戈特，全家在那里定居，又用很便宜的价格在阿肯色州买了六公顷的土地，经过几年的努力，保尔·法伊弗成了当地的首富，也是阿肯色州有名的富人。波林毕业于密苏里大学新闻学院，曾经在《克利夫兰明星报》、《纽约每日电讯》和《名利场》工作。《风行》杂志给了她在巴黎做编辑的职位，梦想到巴黎看看的她便带着她的妹妹吉尼一起到了这个浪漫之都。

波林和哈德莉很快就成了朋友，相谈甚欢，哈德莉还邀请波林到她的住处做客。波林从小生活优越，带着大家闺秀的优雅精干。她算不上漂亮，身材瘦小，喜欢穿时髦的衣服，配她利落的短发。她经常参加各种聚会和表演，虽然只比哈德莉小四岁，但相比之下，哈德莉显得年长很多而且臃肿土气。

几天之后，波林带着妹妹按照哈德莉给的地址，来找她做客。当她们走近那个嘈杂的锯木厂时，她们简直怀疑自己找错了路。她们从来没有想过一个作家会过上如此窘迫的生活，这让她们很震惊。波林第一次进到他们的屋子时，海明威正躺在床上看书，衣服不太干净还满是褶皱，胡子很长，这就是波林对海明威的第一印象。波林很喜欢小约翰，以后的日子里她经常给小约翰买东西，来看他。海明威把波林当作哈德莉的新朋友，自从这次回到巴黎，哈德莉全心扑在约翰身上，很少有机会结识新朋友，哈德莉的朋友海明威都很欢迎，更何况优雅时尚的波林呢。波林读了海明威写的手稿后很喜欢海明威那些简单直接，句句中肯的文章，她也会直言不讳地向他提出意见，希望他在有些段落能够收敛。海明威很喜欢这个坦诚直率的读者，他们经常一起谈论文学作品，波林后来就时常来找海明威约稿。

当时《春潮》写完之后，哈德莉极力劝阻海明威发表，认为这样会伤害到别人，尤其是对海明威有恩的安德森等人。但是波林却认为《春潮》写得很好，不出版就会被可惜地埋没掉，她鼓励海明威投稿。波林是《春潮》唯一的赞扬者，这让海明威很感动，将她视为知音。

波林与这一家人的关系越来越好，她在巴黎需要找到精神依托，海明威的才华和刚劲豪爽的男人气概让她很倾心，她没有拒绝海明威的殷勤与热情。同时，波林优越的生活条件和精致的生活品质让漂泊困窘的海明威很向往，他渐渐被这个漂亮的女人所吸引。他们之间的感情就这样没有办法预测和控制地发展起来，而天真的哈德莉还蒙在鼓里并未察觉。海明威后来写过一篇小说，里面可以看到这段时期他们之间感情的影子："每当丈夫工作完毕回家时，都有两个漂亮的女子等着他，有一个未婚的女人是妻子的朋友……有时凑巧两个人都在，加上他和妻子的孩子，一共四个人。刚开始时，他们是很快乐的，很有趣，持续了很久。世界上一切邪恶的东西都是从天真纯朴来的，人开始撒谎，伪装的因素就一天天增加了，这时你会觉得自己身处战争之中。"

后来，海明威需要去纽约的出版社商量一些关于新书《太阳照常升起》出版的问题，哈德莉便带着小约翰去了奥地利的小村庄斯奇伦斯那里过冬，在那里的花费要比在巴黎节省一些，等到海明威回来之后再把他们接到巴黎，巴黎更利于海明威的写作。事情办完后，海明威回到了巴黎，按照计划，他应该去奥地利接哈德莉和约翰，然而，他却先去了波林在巴黎比科特的住所，两人在一起生活了几天。

在去斯奇伦斯的火车站，海明威内心十分复杂，波林的确是他钟爱的女子，但是与波林在一起却让他内心备受道德的煎熬。"这种背信弃义的自私，使我感到无限懊悔，久久不能平息。"他错过了三趟开往斯奇伦斯的列车，只是呆坐在火车站的长椅上，直到最后一趟车才上去。斯奇伦斯车站外都是厚厚的雪，哈德莉抱着约翰站着等他。当海明威看到了向他微笑的妻子，突然觉得被雪和夕阳映照的哈德莉分外美丽。约翰把胖胖的小手伸向他，从妻子手中接过约翰的一刹那，心也跟着沉了一下，他对妻子有了很大的心疼。

海明威终究还是无法做出抉择，他斩不断与波林的情丝，也舍不得离开妻子与孩子。夹在情感旋涡中的海明威真是痛苦万分，他给自己定的最后期限是 1925 年的圣诞节，他必须在这之前确定自己的选择，那时他甚至做好了自杀的准备，好逃离这段痛苦的情感纠葛。

11月9日是哈德莉34岁的生日，为了弥补自己心中的歉疚，海明威打算送给哈德莉一份贵重的生日礼物。那时哈德莉非常喜欢西班牙著名画家米罗的画作《农场》。海明威从几位朋友那里借到了5000法郎，终于将这幅画买下，当作生日礼物送给哈德莉。

1925年的圣诞节越来越近，然而，海明威还是没有做出最后的决定，他和波林还是像以前一样保持密切的关系。每当波林在哈德莉面前对她的丈夫嘘寒问暖时，她都会感到恼怒，但是她从来没有表现出来。虽然心里不愿意，但她还是会关心这个独自在巴黎生活的女子。有一次，波林跟哈德莉说，海明威很适合自己；还有一次一起出去旅行的时候，波林的妹妹吉尼说她的姐姐和海明威相互喜欢。哈德莉开始变得敏感起来，她终于觉察了三人之间微妙的关系，她和海明威之间的争吵变得越来越频繁。

1926年的夏天，他们还一起到西班牙看斗牛。哈德莉不想再让三个人像在潮雾中一样难受，选择了摊开，三个人之间的关系终于得到了理清的机会。哈德莉提出了一个方案，让三人彼此分开100天，如果100天之后，海明威和波林的关系还能够依然亲密，她就同意在离婚协议书上签字。哈德莉本来想的是，波林与海明威处于热恋时期，如果两人分开可以使两人的关系渐渐冷却，也能使他们冷静下来，那么她自己还可能有保住自己家庭的机会。海明威和波林也同意了这个提议。

哈德莉带着儿子约翰离开了锯木厂上的小屋，波林则回到了大洋另一侧的美国。海明威经受煎熬，他对哈德莉保持着歉意，也在思念波林，他努力让自己埋头写作，忘记纷扰。

波林在开往美国的轮船上就开始给海明威写信，诉说自己的爱意与思念："我比任何时候都要爱你……我十分期待下次与你相见，这样我就会永远跟你在一起……轮船上这么多的人都让我羡慕，因为他们都可以没有你活着……"波林来到美国为海明威买了衣服，还去出版社帮他询问了他的书出版情况。

但是，波林和海明威的爱情之间还有一个阻碍，这个阻力来自于波林的父母。波林的父母都是虔诚的天主教教徒，当他们知道自己的女儿爱上了一个有家室的人时十分生气，波林的做法不仅破坏了一个家庭，而且按照天主教的教规，这是犯了通奸罪。波林也陷入痛苦之中，和海明威之间的爱情让她无法自拔，对哈德莉的愧疚和歉意又让她饱受煎熬。

感情的事是不能预测的，海明威没有因为觉得有负于哈德莉而回心转意，而是越来越想和波林在一起。有时候会到哈德莉那里看望约翰，他们也会提起这个话题，海明威向哈德莉诉说波林的痛苦。哈德莉是个心软的女人，她知道自己的丈夫也在这样的痛苦之中，他们之间的爱要比自己的强烈。哈德莉看到了自己婚姻失败的结局，还没到 100 天的时候，哈德莉选择结束这个约定，和海明威商议离婚。她给海明威寄去了一张物品清单，让海明威把自己的东西都拿到自己现在的住所，还在信中像一位母亲一样悉心叮嘱海明威每项生活的细节。在哈德莉的信里，没有怨恨，只有平静和坦然。收拾东西的时候，海明威失声痛哭，他租了一辆手推车，送了好几趟才送完。

海明威给哈德莉写了封信，他感激哈德莉的无私与慷慨，在信中他表示，他让出版社把《太阳照常升起》的版税全部交给哈德莉，这是他为自己所做事情的补偿。"我写所有的东西都有你在我身边支持我，帮助我。如果没有你的支持，《在我们的时代里》、《春潮》、《太阳照常升起》中的任何一本都不会被写出……你正直的思想，你善良的心地都让我感到敬佩。请原谅我对你造成的伤害，你永远是我见过的最真诚的最可爱的人。"

波林的父母后来也同意了他们之间的爱情和婚事，但是海明威必须放弃原来的信仰，改信天主教，天主教不承认新教的婚约，这样原先他和哈德莉的婚姻就可以被忽略，海明威同意了。

海明威终于能够和波林在一起，而且还得到了波林父母在经济上的支持。波林的父亲和叔叔对海明威的文学才能很欣赏，尤其是后来他们见面后一起去钓鱼、打猎，对海明威更加肯定。

海明威和哈德莉的离婚手续直到 1927 年才彻底办好。海明威没有急着和波林结婚，他对于自己的第一次婚姻一直无法忘怀。哈德莉在他最艰难的 5 年里给了他全力的支持，虽然他们之间有过争吵，有过不快，但有了哈德莉的忠诚勇敢和奉献才让他能够取得成功，然而自己却在取得成就的时候，给她如此打击。结婚前，海明威和朋友一起去过一次意大利，在路过一个教堂时海明威让朋友停下车，自己走进教堂很久才出来，返回车上时脸上还挂着泪痕。那个教堂他曾经和哈德莉一起去过。海明威外观高大英勇，很有男子汉气概但却有着一颗细腻敏感的心，容易落泪。

哈德莉带着儿子继续留在巴黎，约翰长大一些后就在巴黎上学读书。后来哈德莉与《芝加哥每日新闻》的主编保尔·毛勒相爱，他们在 1933 年结了婚，回到美国。海明威同哈德莉在很长一段时间都保持联系，在海明威的作品里，我们常常能在那些美好的女性形象中看到哈德莉的影子。

海明威结束了他的第一次婚姻，离开了哈德莉，开始人生的另一个阶段。

第五章　扬名于世

1. 携手波林

　　海明威的小说《太阳照常升起》销量达到一万两千册，依然没有下降的趋势，成为当时大受欢迎的畅销书。他因此成了大家关注的作家之一，很多出版社、杂志社都来找他约稿。于是，他的作品得以在一些很有分量的报纸杂志上发表，其中他的短篇《五万美元》以350美元的价格被《大西洋月报》买下，成为当时他短篇小说稿费最高的一篇。当时斯克里布纳出版社的博金斯提出要在秋天的时候出版一部他的短篇小说集，海明威很高兴，在处理感情问题的同时，也抓紧开始写作。

　　4月下旬的时候，海明威和波林选定了结婚日期，开始通知双方的亲友。波林的亲友们对海明威这个知名作家赞赏有加。他们很热情地送来了礼金和礼品，波林家族的人大多都很富裕，他们送来的礼金中就有好几张1000美元的支票。波林的叔叔格斯拥有香水厂、制药厂等多家大企业，是个富商，他自己没有儿女，对这个侄女很是喜欢，他给这对即将结婚的新人送了很多礼物。1927 年 5 月 10 日，他们在巴黎的普西教堂举行了婚礼，婚礼由天主教牧师主持，海明威正式皈依天主教。

新婚的海明威和波林选择到法国南端的格罗都拉度蜜月，那是一个距埃格摩特五公里远的小渔港。当时的格罗都拉人口只有一万，沿着海岸有一片白沙滩，海水洁净，是个宁静的地方。人们的房子都是用木头盖的，并不涂油漆，都露着木头本来的颜色，很有新英格兰的味道。13 世纪时圣路易斯率领十字军东征的起点就是在格罗都拉附近。

在格罗都拉，海明威尽情享受着大自然赐予的欢乐，他可以和当地的渔民一起出海，也可以独自观光、钓鱼。海岛上新鲜的生活也带给他很多灵感，他都是一天休息，一天写作，《十个印第安人》、《白象山》这两个短篇小说就是在这里完成的。

但是好景不长，海明威在一次游泳的时候不小心被一块尖利的石头划伤了脚，经常受伤的海明威起初并不在意这个小伤口，谁知伤口后来竟被感染发炎，肿胀得厉害，还导致高烧不退，他被迫在床上躺了十几天，不得不提前结束了蜜月之旅。

为了弥补蜜月时期的遗憾，夫妻二人在 7 月份的时候又到西班牙去度假，去西班牙看斗牛成了海明威每年的保留活动。这次他们除了看斗牛，还去了很多的地方旅游观光。他们去了西班牙的旅游胜地圣地亚哥坎普斯特拉，参观了令人叹为观止的巴洛克风格的大教堂，看在教堂上空盘旋的鹰隼。他们还到了西班牙南部的龙达小镇，这是一个"建在云端"的城市，用它的漂亮、神秘、纯粹、浪漫、刺激吸引着每一个来到这里的人。在龙达，所有的房子都是白色的，漫步在蓝天白屋花香的世界里，总会让人产生如坠梦中的错觉。海明威在他后来的作品《死在午后》中写道："如果你想去西班牙度蜜月或者私奔的话，龙达是最适合的地方，满目都是浪漫的风景。"这个小镇后来也因为海明威的这番话而声名远播。

海明威当时已经写了十几篇小说，正在对稿件进行修改整理，打算组成一个短篇小说集出版。他习惯每次修改稿件的同时再继续创作，这样可以提高效率。这次和波林来西班牙旅游行程安排得比较紧密，没有多余的时间和精力再创作，仅是修改了一些已经写完的稿子，但是他的头脑里已经有了下一本小说的思路。

从西班牙回到巴黎的时候，波林发现自己怀孕了。海明威担心孩子的到来会给他的写作和生活带来不便，但并没有太明显地表露出来，只是专注地构思自己的下一本小说。

在婚姻这场"战争"中胜利的波林正式成为了海明威的妻子，她从哈德莉那里吸取了一些教训，她对海明威温柔体贴，注意保持与他的距离，很少去打扰他。而且波林有丰厚的财力，也舍得花钱打扮自己。波林还经常把小约翰接过来和他们一起住。海明威和波林婚后的生活也是甜蜜美满。

1927 年 10 月 14 日，海明威的第四本作品集《没有女人的男人》出版了。对于这个书名，海明威解释说，这本书的内容充满严酷，是让人领略纪律、死亡和危难，完全没有女性娇柔的体现。这本小说集一共有 14 篇小说，涉及很多暴徒、酗酒、吸毒和同性恋等有刺激性的题材内容，有几篇海明威的新作，也有部分是将以前刊登在报纸杂志上的作品收录其中。《太阳照常升起》在当时还是热门的畅销书，在这本书的基础上，新书出版后也吸引了很多读者的关注。海明威能收到很多读者的来信，有表达对他的支持与喜爱的，也有对他提出批评意见的。

评论界也有两种声音，有人认为海明威写作大胆率真，直露现实，而另一些评论家则不以为然。女作家弗吉尼亚·伍尔夫在《纽约论坛》发表了一篇评论文章，她认为海明威很有胆略，也很坦率，对于一些事情能够直言不讳，写作技巧很好，但是也指出了海明威作品中存在的问题。她认为海明威的语言太过咄咄逼人，很容易刺痛别人。这也使得海明威不能完全地表达自己，存在偏激的观点，使他的才能被束缚。而且，作为女权主义者的伍尔夫对于这个书名很反感，她写道："对性别的任何强调都是危险的。难道女人就承受不了锻炼、纪律、死亡或者危难局面吗？告诉别人这是一本男人书还是一本女人书是一种利用无关艺术的情感，一个伟大的作家是不会这样强调性别的。我们现在所处的时代，性别意识都很强，但是文学通过夸张的方式将对性别特征的坚决肯定和否定表现出来是不适宜的。"

这篇评论曾让海明威很恼火，他还写信给博金斯，说伍尔夫的批判是一种故意歪曲，是对后来者的轻视。"弗吉尼亚这些年过四十的人都给自己太多包袱，他们想要充当现代派，得到名气，又担心后来的年轻人挤进他们的圈子。他们为文学名誉而活，他们相信保持这种名誉的最好的方法就是诋毁所有后来者的真诚。"这当然是海明威的一时气话，他后来开始反思自己。他认真读了别人寄给他的信，还让博金斯买了一批印有美国名人的明信片，由海明威亲笔签名再送给他的读者们。他放弃了尽快出版作品的打算，别人的批评让他清醒地认识自己，比以前更务力地工作，学着在写作时控制自己。

2. 新陈代谢

12 月份的时候，海明威的下一本小说已经写了二十二章，大概四万多字。但是小说的写作陷入瓶颈，进行不下去，于是海明威想换个环境。波林和海明威从哈德莉那里接回约翰，带他一起去瑞士滑雪。

一天半夜，约翰想要小便，海明威便抱着他到院中撒尿。两个人都是睡意正浓，迷迷糊糊，小约翰的小手来回挥动的时候一下子戳进了海明威的眼睛，手指甲在眼睛上刮了一下。约翰虽然年幼，但眼睛毕竟太柔嫩，还是让海明威疼痛难忍，更不幸的是，受伤的眼睛正是他视力正常的那个。他赶紧去找医生处理眼睛，之后又休息了很长时间，但是视线一直模糊不清。海明威心里很急，经常发火，又担心自己的眼睛会一直看不到东西。他郑重地给一个很久不联系的朋友写信，询问他当年的眼疾是如何治好的。祸不单行，在眼睛受伤很不方便的时间里，海明威还患上了严重的感冒，痔疮、牙痛也随即而来。平日里虎虎生威的大汉就这样被病魔困在床上很长一段日子，写作也耽搁下来。波林经常坐在床头为海明威朗读他想听的小说，如亨利·杰姆斯的《艰难时代》，眼睛看不到，海明威就用耳朵来听，用脑子来思考，在医生的治疗和波林的照料下，海明威的视力一点点恢复正常。

1928 年 1 月的时候，海明威的视力已经恢复得差不多了，他和朋友麦克利什到山上滑雪，但不知怎的，雪橇出了问题，海明威接连摔了好几个跟头，最后甚至连防护眼镜都摔碎了，他也摔得鼻青脸肿，只得扫兴而归。他们在 2 月份时回到巴黎，那正好是巴黎最冷的时候，家里的暖气管因无人看管被冻裂，整整一个星期，两人都只能在冰冷的屋子里生活，结果他又被冻得感冒了。但这还不是最倒霉的，有一次，海明威和麦克里什夫妇一起吃饭，聊到很晚才回家。波林已经睡了，他怕开灯会惊醒波林，便摸着黑洗漱，当他上完厕所，想冲马桶的时候意外发生了。白天一个朋友来家里做客，他误把天窗的绳索当作马桶的开关，猛地一拉，天窗啪的一声合上，玻璃被震碎了，但是没有掉下来。但是海明威没有那么幸运，他一拉那根绳子，碎玻璃一下子掉了下来，站在下面的海明威正好被砸到了头。波林被巨大的声音吵醒，跑到厕所一看，海明威已经满头鲜血。锋利的玻璃划破了头上的几处小动脉，血流得很多。惊慌失措的波林请朋友帮忙，大家一起把海明威送到了附近的医院，医生给他缝了九针，等伤口痊愈之后，额头上也留下了一个明显的疤。

海明威当时的名气已经相当大了，因为这一连串的倒霉事他变得更有名了，很多家媒体都争相刊登了海明威的事迹。他的父母和许多关心他的朋友也纷纷写信问候他。庞德写信跟他的朋友开玩笑，称海明威是一只"糊涂的公猫"，认为他一定是喝得酩酊大醉，想穿过天窗飞出去。哈德莉也寄来了信询问伤势，鼓励他不要因为生活中接二连三的不如意而心灰意懒。这让海明威很感动，怀念起哈德莉的好来，因为当时波林正值怀孕妊娠反应最大的时候，呕吐、恶心、疲惫、易怒让海明威受够了苦头。

除了身体上的疼痛不适之外，海明威还经受着心理的煎熬。下一本小说《新时代的汤姆琼斯》是他投入很大精力准备的书，对它的期待也很大。但是接二连三的受伤不得不一再打断写作进度，思路也受到影响。虽然这本小说已经写了很多，但是他没有把握能否继续写下去。他想放弃这本，去写另一个故事。

波林的预产期是在 1928 年的 6 月份，她坚持要回到父母家里，在美国待产。他们在 3 月下旬的时候动身，乘坐"奥利塔"号轮船横渡大西洋。他们没有直接回波林的家，而是先到了基韦斯特。基韦斯特是海明威的朋友约翰·多斯·帕索斯给他推荐的。海明威说他们两人厌倦了大城市的生活，波林想找个安静的地方调养身体，他也需要那样的地方专心写作，于是打算先在这里生活一段时间再走。

基韦斯特岛是一个珊瑚岛，只有 7.2 千米长，3.2 千米宽，位于佛罗里达半岛的最南端，那是墨西哥湾和大西洋的交汇处。基韦斯特成为城镇有 100 年的时间，因为处于交界处，整个城镇兼有古巴、美国、西印度群岛的风格。基韦斯特地处热带，有热带特有的景色，气候温暖湿润，岛上到处都是红树、棕榈、椰子等各种热带植物，还有漂亮的海鸟迎着海浪飞翔。岛上的居民很多都是渔民，每到晚上，他们渔船上的灯光配着满天星斗的倒影，摇曳闪烁，分外美丽。

岛上的生活是很恬静的，节奏很慢，人们亲切好客，他们大部分是捕鲸时代到这里的捕鲸者的后裔，现在的居民里也有靠出海打鱼为生的渔民，不过居民中更多的是靠卷制雪茄为生。这与他之前到过的地方有很大的不同，海明威说他从未到过这么好的地方，这里有难得的清静幽雅。他讥讽说，纽约的那些作家们就像挤在玻璃瓶里的蚯蚓一样，试图通过彼此间的交流接触而得到养分，他向来会躲开那种人。他更愿意与不同的人接触，让自己永远都有新鲜的知识和营养。他和波林在基韦斯特找了一个房子，安顿下来，这时波林的叔叔送给他们的轿车也通过轮船运到了基韦斯特的码头。当时的基韦斯特连柏油马路都没有几条，人们的交通工具还只是自行车，当他们开着那辆黄色的轿车在岛上观光的时候，真是吸引了不少羡慕的目光。

海明威还是坚持自己以往的生活习惯，每天早晨很早起床，抓住灵感，利用清醒的头脑抓紧写上三四个小时，他带着新写的两部手稿，一个是写不下去的《新时代的汤姆琼斯》，还有一个是后来构思的小说。他每天都会抽出固定的时间来创作，但是他不再给自己很明确的进度要求，他吸取以往的经验教训，不再求快，而是将自己的灵感充分发挥出来。其余的时间他就在户外度过，可以放松神经、寻找素材和灵感。他很喜欢和别人交谈，在海滩上，在商店里，他总会和遇到的人说上很长时间，对别人的家庭、生活、工作都刨根问底。大家都很喜欢这个大个子，他说话幽默风趣，还能豪爽地喝酒，举止粗鲁说话不计较太多。人们都看不出他是一个知名的作家，他带着头上那道长长的疤，开着轿车整天无所事事地闲逛聊天。海明威也会去钓鱼，这是他最大的爱好，他通过钓鱼也认识了不少志趣相投的朋友。布拉·桑德斯教他如何到深海捕鱼，酒吧的老板乔·罗素以前从事走私，后来来岛上开了酒吧，他和海明威成为朋友，海明威将他作为主人公的原型写进他的小说《有钱人和没钱人》。查尔斯·汤普森是他最好的渔友，两人年纪相仿，汤普森也当过兵，现在在岛上经营着杂货店、烟盒厂、钓鱼用具店和一家海上五金用具店。而且他的钓鱼技术很高超，让海明威很佩服，和他在一起总是能钓到各式各样的大鱼，如琥珀鱼、海鲢、麝香鳖等。他还带海明威到海鲜市场把自己钓到的鱼和海货卖掉，虽然汤普森很有钱，但是对于卖鱼也毫不含糊，海明威学汤普森卖鱼，收获了意外的快乐。后来，海明威把自己之后的作品《非洲的青山》献给了这位好友。

海明威很喜欢岛上的生活，他写信给他的朋友们邀请他们过来度假，没想到他的第一批客人竟然是他的父母。4月份的时候，海明威的父母到佛罗里达查看一下他们在这里做的地产投资的情况，海明威知道了就拍电报邀请他们过来。海明威很久都没有见过父母了，他在码头上等待父母的时候，是父亲克拉伦斯先看到他向他招手的。克拉伦斯当时身体不太舒服，承受着好几种病痛的折磨，身体瘦削，头发也变得花白。母亲格蕾丝穿着时下流行的长裙，倒是还显得年轻健硕。几年来他都没有回家，只是和父母保持通信联系。父母为儿子取得的成绩感到高兴，几年过去之后，久别重逢的一家人在基韦斯特度过了一段开心的日子。

海明威和波林在基韦斯特住了五个星期才前往波林父母的家，阿肯色州皮戈特是一个有点封闭的小村庄，还有些种族歧视的遗毒，海明威很不喜欢这个地方。但是他和波林的母亲很合得来，波林母亲在家里举办或者参加聚会都一定会让海明威参加。海明威虽然喜欢热闹，但这让他浪费了很多写作的时间又不好意思拒绝，每次都很为难。住了一段时间后，波林考虑到当地没有先进的医疗条件，就打算到堪萨斯城医院待产。波林的一个朋友把自己在堪萨斯城的房子借给他俩，两人搬了过去，海明威终于又有了自己的自由空间。朋友的房子是一个带着游泳池的别墅，条件很好。海明威还是在上午写作，下午就去打球或者游泳。先着手写的《新时代的汤姆琼斯》写了半截，被他搁在一边，他抓住灵感，全力进行写得顺手的作品。这部作品就是后来让他享誉文坛的《永别了，武器》。

7月27日，波林腹痛难忍被送进医院，但是她经过了十几个小时还是没能把孩子生下来。胎儿的个头太大了，实在没有更好的办法，医生在28日的时候给她做了剖腹产手术，终于生下一个男孩，海明威给他的次子取名为帕特里克。波林因为手术一连数天都腹痛不止，不能进食，又在医院休养了很长一段时间。这期间海明威也抓紧写自己的新书，已经写到了四百八十多页。海明威告诉波林，他正在写《永别了，武器》的结尾，他把波林难产的情节加到了女主人公的身上。当然，他并没有告诉她凯瑟琳最后的命运是死于难产。

孩子出生后海明威就没有太多时间和精力写作了，平日里的写作经常被孩子的啼哭打断，海明威说他的这个儿子像一个健壮的小公牛，哭的声音也很像，那哭声简直能让他"发疯"，而且半夜还要起床给孩子喂奶，这让海明威叫苦不迭。孩子满一个月后，他就把孩子和波林一起送到了波林母亲那里，自己则开车去一个叫塞里登的清净的地方写作，他每天可以写出十七页纸。波林在皮戈特住了将近一个月，她决定把帕特里克交给她的父母照料，自己去塞里登找海明威，两人又回到了二人世界。

8月22日的时候，海明威把《永别了，武器》的初稿写完了，如释重负。但他对稿件的质量并没有太大的把握，他把稿子搁在一边，打算让自己好好放松一下，再返回来修改。博金斯虽然还没有看到海明威完成的初稿，但是他表示愿意出一万美元的酬金买下他的版权，他会在1929年把海明威的小说连载在斯克里布纳的杂志上。海明威和波林开车往美国的西部走，观看沿途的风光。这一程走了很远，10月份的时候他们来到芝加哥。半路上他们还回了一趟橡树园，海明威已经五年没有回去过了。之后他们到皮戈特，接上帕特里克一起返回基韦斯特，海明威还是很怀念在基韦斯特的生活，觉得那里更适合写作，他要去那里修改已经写完的小说。

3. 名声大噪

海明威开车带着波林和帕特里克用了三天才到基韦斯特，查尔斯·汤普森为他们找了一个旧式的房子，一家人很高兴地租住下来。后来海明威的妹妹玛德莱纳来到这里，这是海明威回橡树园时他们约好的，他请妹妹来基韦斯特度假，也能帮他校对稿件和打字，还可以帮助波林照顾小帕特里克。海明威坐火车到纽约把约翰从哈德莉那里接过来和大家一起过圣诞节。当车在达特雷顿的车站稍作停留的时候，海明威接到了妹妹卡露从橡树园发来的电报，说他们的父亲在早晨去世了！

父亲克拉伦斯身体一直不太好，上了年纪之后出现很多问题，心脏病、糖尿病等病痛让他心绪不定，多疑易怒。而且，他跟风做房地产生意，用房子作抵押贷了款，然而当年整个国家的房地产生意都不景气，经济泡沫的出现后来甚至让这个行业陷入瘫痪。克拉伦斯的生意每况愈下，处境窘迫，再加上妻子格蕾丝一贯的强势，让他心里承受了很大的压力。海明威回家的时候就发觉父亲的状态很不好，他回来后写信安慰父亲，让父亲不用发愁，自己可以预支稿费来帮助家里。但是这封信到得太晚了，克拉伦斯还是选择用一把左轮手枪抵住自己的头，在自己的卧室里自杀，享年57岁。

海明威接到这个消息的时候惊呆了，连忙在车上找到了一个同行的熟人，将小约翰托付给他，自己尽量清楚地跟约翰解释发生了什么，约翰没有哭闹，很乖地点点头。接着他又给几个朋友打电话借钱，收到朋友们给他电汇的几百美元之后，他买票赶往橡树园。

　　橡树园的家里早已是被悲伤笼罩着。父亲一去世，海明威就成了家里最年长的男人，他和家人一起处理父亲的丧事。之后又陪母亲小住了一段时间，格蕾丝年事已高，家里还有个 12 岁的弟弟和一个 16 岁的妹妹需要照料，父亲留下的遗产很少，甚至还有一些债务，大部分的钱都押在佛罗里达的那处地产上。海明威劝母亲卖掉几处房产，还拿出 30000 美元稿费，波林也主动拿出 20000 美元来给母亲办理了信托基金，让家里有一份固定的收入。对于父亲的死，海明威心情复杂，他心疼父亲，没能替父亲分担焦虑；另外，他又觉得父亲很懦弱，有时还会产生将父亲的死怪罪于母亲的想法。他在自己的脑海里一遍遍复现着父亲将手枪对准自己耳后的画面，心里很纠结。

　　海明威回到基韦斯特后就抓紧时间修改整理自己的稿件，和出版社约定的日子就快到了。修改稿件也是一项繁重的工作，海明威一遍遍重读自己的作品仔细修改，他对自己的作品要求很严格，每一个细节都很认真地对待，针对小说的结尾他前前后后一共改了 32 遍。最后，他请波林和妹妹玛德莱纳一起为自己校对，玛德莱纳再帮他把稿子用打字机打出来。三个人一直紧张工作了五个星期才结束，海明威连续五个星期都没有去钓鱼。他打电话给博金斯，让他来基韦斯特亲自审阅。博金斯来到基韦斯特之后专心看稿子，海明威则痛痛快快地钓鱼。博金斯对这个稿子评价很高，只是不大赞同某些军人用语，海明威听后也没有要改的意思。博金斯告诉海明威他愿意出价一万六千美元买下这本书的版权，这是他们杂志第一次出这么高的价格买下一部连载小说，这也是海明威一次性收到的最多的稿费。

　　海明威又给几个好友看了自己的新作品，大家都说写得很好，就连当初极力批判《太阳照常升起》的多斯帕罗斯也很赞叹，这让海明威很欣慰。《永别了，武器》这个名字是从《牛津英文诗集》里找到的，海明威称这个故事是"一个与发生在意大利的战争和男女爱情有关的长故事"。战争与爱情的题材与他当初参加第一次世界大战的经历有关，美国青年中尉与战地医院的护士相爱，很容易让人将主人公亨利与海明威对应起来，但是小说要比现实精彩得多，作家想说的话、没有做的事都可以在小说中出现。时间像一个酵母，曾经的经历通过十年的酝酿，在他的心里发酵成一个精彩感人的故事。

　　故事的主人公弗雷德里克·亨利是一个美国青年，在第一次世界大战期间他报名参加了志愿军，被授予中尉军衔，派到意大利北部战场去做救护车驾驶员，他负责一个汽车救护队的指挥工作。有一次，亨利陪同住的意大利医生雷纳迪到附近的小镇上看他刚认识的英国医院里的护士凯瑟琳·巴克莱，凯瑟琳的未婚夫在法国战线上身亡了，她情绪低落，手中拿着未婚夫留下的一根细藤条，对亡人充满思念。亨利眼中的凯瑟琳漂亮迷人，雷纳迪觉得亨利比自己更受凯瑟琳欢迎。两人相识后，亨利经常到医院去拜访凯瑟琳，两人关系越来越密切。

　　一天夜里，亨利奉命率领四辆汽车的车队执行任务，他们将车隐蔽好，正躲在战壕里等待命令的时候被敌人的炮弹袭击了，亨利受了重伤，头盖骨有一处破裂，膝盖骨也被炸伤。海明威根据自己当年受伤的经历，将受伤的感觉写得形象真实："头里有什么东西在动，拼命地从后脑往眼珠子里冲"、"双腿又暖又湿，鞋里也是又暖又湿"。在救护站做了简单紧急的处理后，亨利被送往战地医院。雷纳迪告诉他，他会得到一枚银质奖章，但是亨利觉得受之不公，他诚实地说自己没有做过任何英勇的事，但是朋友告诉亨利，他们会帮他拿到银质奖章。

疗养了一段时间后，亨利被转到医疗条件更好的米兰红十字会医院，在这里他与凯瑟琳重逢。美丽的凯瑟琳为他带来了光明。亨利对凯瑟琳的依赖日益强烈，凯瑟琳也对亨利格外照顾，常常利用值夜班的机会陪伴他。亨利说："天知道我本不想爱任何人，但是我现在确实已经爱上了她。躺在医院的病房里让我感到格外幸福。"两人陷入爱河，在凯瑟琳的陪伴下，亨利度过了一个愉快的、没有枪炮声的夏天。这期间，凯瑟琳怀孕了。

当亨利痊愈出院回到前线时，正赶上意大利军队的全面撤退。意大利军队在战场上失利，被德奥联军突破防线，整个意大利士气大跌，军民都在撤退。军车、马车挤满了狭窄的道路，连绵不断的雨水让道路泥泞不堪，这个大部队的撤退显得十分凄惨而狼狈。亨利带领三辆救护车跟着大部队一起撤退，混乱中，亨利和所在的部队失去了联系，又正好遇到宪兵逮捕擅离职守的军官，于是亨利被捆了起来。因为他说意大利语带着的外国口音，被宪兵们误以为德国间谍，宪兵不由分说地将他逮捕并立刻决定执行枪决。无力解释的亨利趁看守他的宪兵去审讯他人的时候，纵身跳入湍急的河水中，用一块木板抵挡密密麻麻射过来的子弹，终于死里逃生。

亨利搭上一个往米兰方向走的货车，他想去找凯瑟琳，这是他唯一的目的地。在宪兵抓他领子的那一刻，亨利认识到战争的荒谬，他不再想承担战争让自己承担的义务，这已经是一场和他无关的战争。亨利在米兰下车，到医院后才知道凯瑟琳已经到施特雷莎了，亨利找了一件平民衣服把军装换下，又马不停蹄地去施特雷莎。两人终于幸福地再次相遇。

一个风雨交加的夜晚，旅店的店员告诉亨利，警察可能会在第二天到这里逮捕他。亨利和凯瑟琳决定连夜逃亡中立国瑞士，他们一路上历尽磨难，饱受惊恐，在踏上瑞士国土的那一刻，一种幸福感从心底里冒出来，这里没有战争，没有炮火的声音，没有硝烟的味道，战争仿佛是在一个遥远的地方，或者从来就没有战争。

数月之后，凯瑟琳临产的日子就要到了，两人移居到洛桑城。凯瑟琳分娩，由于难产，医生决定对凯瑟琳进行剖腹产，但胎儿还是没有保住，凯瑟琳的生命也危在旦夕。亨利独自坐在手术室外，把心里所有的念头都抛开，全力为凯瑟琳祈祷。然而，上帝没有听到亨利的呼救，凯瑟琳还是去世了。无比悲痛的亨利把阻止他进手术室看凯瑟琳的护士推出门外，自己进去，关好门，熄了灯，"可这也没有什么好处，简直像在跟石像告别。过了一会儿，我走了出来，离开医院，冒雨走回旅馆。"小说就这样戛然而止了，旅馆是他的去处，却不是亨利最终的归宿。他心里的归宿到底在哪里谁也不知道。整个作品就结束在这样一种哀怨、凄凉的氛围中。

《永别了，武器》是一部自传色彩很浓的长篇小说，显示了海明威艺术上的才华。他利用对事物敏锐透彻的认识，常常把自己的生活碎片串联起来倾注于作品创作中。例如在《永别了，武器》第二部分中，他把在瑞士的乡居生活写得犹如处身世外桃源，就是他第一次结婚后的生活体会；再如与凯瑟琳在米兰大街上漫步，这是他和哈德莉生活的剪影；还有女主角凯瑟琳的难产，则是他第二个妻子难产的切身经历，她剖腹生下第二个儿子；意大利军队撤退也是当年做战地记者时看到的场景。小说中人物情绪的变化完全通过动作和形象来表现，语言简约洗练，对话像电报文一样精简，这成了海明威标志性的创作风格。小说在有意无意之间用真切简洁的内心独白将讽刺表达出来，"什么神圣、光荣、牺牲，这些空洞的字眼儿，我一听就害臊。我可没见过什么神圣的、光荣的东西；至于牺牲，那就和芝加哥屠宰厂是一样的，唯一的区别就是把肉拿来埋掉而已。"借主人公亨利之口，海明威嘲讽了资产阶级政客们所鼓吹的"爱国主义"。小说和《太阳照常升起》一样有着强烈的反战情绪，对于战争对人的伤害进行剖析再现，他不像其他的反战小说那样将希望寄托在战后的生活中，海明威指出战争摧毁了人的幸福，即使是已经告别了硝烟弥漫的战场，也无法过上幸福的生活。海明威认为"世界杀害最善良的人，最温和的人，最勇敢的人"，更深刻地揭示了人们内心的无助与虚无。

这部小说的写作过程真是曲折，父亲死亡，次子出生，前后辗转于巴黎、基韦斯特、皮戈特、堪萨斯城等数个地方才完成。海明威一直保持着旺盛的创作欲望和精力，不被打扰，坐在桌前就一心沉浸其中，忘我写作，他已经具备一个成熟作家的素质与能力。

《永别了，武器》在 1929 年 9 月底开始发行单行本，出版后大获成功，引起了轰动。受到的赞誉像潮水般涌来。人们把它看作又一部"迷惘的一代"的代表作，而且是艺术水平最高的一部。《纽约时报》的专栏评论家帕西·赫金森评价说"这个小说的男女主人公的不幸遭遇让人联想起罗密欧与朱丽叶，它产生了巨大的艺术效果，堪称文学史上的新浪漫主义。"

对作品最大的肯定是通过巨大的销量来体现的：四个星期后，小说的销量达到了 33000 册，之后的一个月里，股市崩溃，美国的经济受到严重冲击，但他的书依然达到了五万册的销量。甚至连当时的胡佛总统的图书室也收藏了一本《永别了，武器》。1930 年，小说被改编成剧本，在国家剧院进行演出，获得了轰动效应。紧接着，好莱坞电影制作方也来联系海明威，付了到那时为止最高的价格买下了拍片权，将其拍成电影，这部作品更是家喻户晓。

残缺的尸体没有尊严，流着血的士兵没有美可言，牺牲只在没有牺牲的人看起来才是高尚的。战争不是什么伟大、神圣的东西，战争就是流血、就是地狱、就是黑暗中痛苦的呐喊呼号。当后来人们从第二次世界大战中清醒过来后，好莱坞又一次将这个反战经典进行了翻拍。

《永别了，武器》给海明威带来了前所未有的名誉与财富，正像他以前说的那样好作品终究会赚钱的，这是他当年在极其困窘的时候鼓励自己的话，现在回过头来看真是恰到好处的预言。在美国影响力很大的杂志《纽约客》刊登了专门写他的文章，认为海明威已经从知名人物一跃成为一个传奇。25 岁成名，30 岁成大师，"重压之下依旧保持优雅风度"。

海明威有最深沉的勇气，经受过苦难、疾病和贫穷，始终没有妥协，正是这种勇气让他以硬汉的形象走向成功。

4. 海岛生活

《永别了，武器》发表的时候，波林和海明威还在欧洲，他们到巴黎、西班牙、伦敦去旅游，见到了很多以前的朋友。1930年 1 月的时候，他们回到了基韦斯特。第二年春天，波林的叔叔格斯来岛上看望他们，临走时送了一个他们很想要的礼物——他们准备攒钱买下的一个大房子。那座房子是岛上最古老的建筑之一，建于 1851 年，是当时一个航运业的巨头聘请高级建筑师建成的，后来由于债务危机将房子抵押给他人。虽然房子很旧，但是建筑依然保持着当年的精致豪华。房间的天花板很高，有法式的拱形窗户，还有宽敞的露天阳台可以欣赏周围的美景。海明威夫妇对房子倾心已久，一直苦于手头紧没有办法买下，现在波林的叔叔出手豪爽地送给他们，真是让他们喜出望外。他们合力将房子重新打扫装修，在二楼给海明威改造出一个满意的书房。当时他和波林刚有了第二个儿子格里高利，独立的书房让他免受孩子的打扰。他们在基韦斯特定居，以后十几年里，不论去哪旅游都会回来落脚。在这个静谧美丽的地方，海明威写出了很多部作品。

经过几年时间的锻炼，海明威逐渐掌握了写书的方法，他通常很快把初稿写完，然后用很长一段时间来修改。出书的速度比别的作家快很多，当人们还对《永别了，武器》赞不绝口的时候，海明威又抛出一部作品——《死于午后》。海明威一直想写一本关于斗牛的书，1925年他在给博金斯的信中就提到过，想写一本关于斗牛的书，这个心愿直到七年之后才达成。

海明威经常到西班牙看斗牛，斗牛是他每年夏季的保留节目。而且他本人也在潘普罗那斗过牛，那是一个为了让人们体验斗牛而设的俱乐部，里面都是一些小牛，可以保证参与者的安全，但是他做得并不好，常常以受伤告终。一个膀大腰圆的大汉在斗牛场里更像一个推土机而不是灵活的斗牛士，他在技巧方面有很多的不足。但是这也挡不住他的热情。他终于有了感觉上的体验：可以近距离地看到雄健的牛猛扑过来的凶相，可以听到牛粗重的喘气声，可以看到蹄子重重地刨地的样子。这本书就是根据他多次到西班牙看斗牛的经历写成的，他心里急切地想把他对斗牛的热爱表达出来。

《死于午后》是一本关于西班牙斗牛的书，在书中海明威对斗牛做了极为详尽而有趣的介绍，写成了一本斗牛指南和手册，是英语文学中一本关于斗牛的研究经典，它对以后有关这一主题的作品都产生了影响。《死于午后》这本书中展示了很多照片并为照片配了详细的文字介绍，海明威还整理了一个关于斗牛术语的词汇表。这不仅是他自己个人关于西班牙斗牛的回忆录，也对斗牛的历史进行了梳理研究。并且他以斗牛为源点，由此引申，论及小说创作的一些理论和具体原则，他著名的文学理论"冰山理论"就是在这本书里正式提出来的。他还阐述了对死亡的深刻见解，当年海明威第一次带哈德莉看斗牛就是为了"获得生与死的体会"。他想要告诉大家的是斗牛并不是众人所理解的那样是一种野蛮的运动，精彩的斗牛可以像芭蕾舞一样优雅成为让人赞叹的艺术。

但是公众对这本书的热情没有海明威期待的那么高。很多人对斗牛不关注，也不懂斗牛艺术。他们看到这样的书感到哗然，这本书中描写的血淋淋的场面，执着的复仇意念，让大家都觉得海明威是在美化暴力。大多数的文学评论家都对海明威加以嘲讽，认为他所写的东西不过是小男孩打架时用的恶言恶语，显得粗俗低劣。而动物保护者们对于其中对于动物的血腥暴力简直不能忍受。就连博金斯也评价说："如果告诉你这是一本很棒的书，那确实是对你说的荒唐而善意的谎言。"而那些懂得斗牛的人也并不看好《午后之死》，他们认为一个美国人写西班牙的斗牛简直就是门外汉充行家，让人笑掉大牙。

最让海明威难以忍受的是马克斯·伊斯特曼在《新共和》上发表的评论文章《午后之牛》。这位曾经给予他帮助的好友，现在说起话来毫不留情面。伊斯特曼认为海明威对斗牛的残忍、可耻、令人震惊的方面采取了幼稚而罗曼蒂克式的遮掩，这种热情的迸发是不理智的。海明威变成了一个凶猛与残忍的鼓吹者。他提到的"仪式"和"悲剧"都是他的多愁善感在作怪。伊斯特曼还故作惊奇地问："为什么这位向来强调用事实说话的钢铁硬汉，这位极度的现实主义者会在到达西班牙国境看过斗牛之后就变得盲目起来，甘愿让自己裹在浪漫主义的迷云里呢？"然后他说出自己准备好的答案："其实答案不难找，海明威对于自己是个男子汉缺乏自信，他需要用一些强硬的大丈夫的信念来为自己壮胆。也许是海明威的生理上不健全，其实很多艺术家都有这样的身体组织机能脆弱的现象。"曾经海明威攻击桑切斯·梅杰亚斯时挖苦说"要看看他胸毛的数量"。现在伊斯特曼用同样的方式说海明威发明了一种文学风格，那就是"胸口上粘上假毛"。

海明威对这篇文章怒不可遏，自己写的文章都是由长期以来观察实践中得来，那些感受都是通过自己的血肉获得的，都是千真万确的，他不能忍受别人把他的作品说成是一些毫无意义的伤感的废话，这是对自己的侮辱。自己辛辛苦苦地写作，报社却给这些胡说八道的人稿费，简直就是荒唐。紧接着海明威给报社写了一篇反击文章，两人打起了笔战，像一匹公牛一样的海明威气势汹汹地向伊斯特曼诘问。这在当时是十分轰动的事件，引起人们的广泛关注。最后，伊斯特曼为了平息这场由自己引起的风波，又在《新共和》上发表了一封公开的道歉信，信上说，对海明威的人身攻击并非是自己的本意，他实际上对海明威很是佩服，觉得海明威是一个很有勇气的人。信中他还提到了当年在意大利热那亚和海明威一起做记者时的事，海明威永远充满活力，无所畏惧。有一次煤气取暖器爆炸海明威被掀出浴室，海明威也没有害怕，而是像一个局外人一样离开，脸上的微笑让人觉得他是一个安然坐在雪橇上的人。

海明威对伊斯特曼的做法很不屑，但是怒火确实渐渐地小了，笔战没有再持续。但是四年过后，1937 年两人在博金斯的办公室里见面，开始还能正常对话，没说几句海明威还是因为这件事发起火来，他把自己和伊斯特曼的衬衣上的扣子都扯开，是为了检查彼此的胸毛。在一旁的博金斯看到两人还像小孩子一样的举动都惊呆了，不知该怎样劝架，两人接着就扭打在一起，摔倒在地板上。博金斯急忙冲上前去帮助伊斯特曼，海明威善于拳击，博金斯当然知道伊斯特曼不可能是他的对手。但出乎他意料的是，伊斯特曼居然将海明威压在了身下。突然，他们两人都哈哈大笑起来。两人相逢一笑泯恩仇，大度地将以往的不快抛在了脑后。

海明威认为作家要保证自己的名气，首先要有足够多的作品。他保证自己的写作速度，在《死于午后》出版不久，海明威又出版了《胜利者一无所获》，是一个由十四篇小说组成的小说集，包括《向瑞士致敬》、《暴风雨之后》、《胜利者一无所获》、《世界之光》等。《胜利者一无所获》是他认为自己写得最好的一篇，就用它的名字做了小说集的书名。除了少数几篇外，海明威用笔很大胆，暴露性很明显。他希望读者能够通过这部作品中作者的角度，了解到世界其他的领域。

《胜利者一无所获》首次印数是两万三千册，一个月内就卖出了一万一千多册，近乎印数的一半。但是书得到的评价并不高，有人说海明威的才华在衰退，作家的成就让他过上了幸福、富裕的生活，他可以饮酒作乐、钓鱼打猎、旅行消遣。但是这让他距离真正的美国人民的生活越来越远，尽管他还在努力写作，但是已经不能够像以前一样打动人心了。

海明威确实很热衷于享受生活，他经常和朋友钓鱼、打猎，也带波林去很多地方旅行。他定制了一艘小型的快艇，取名"拜勒"号，带有卧舱，既可以当渔船也可以当游艇。海明威经常带着书本和笔在"拜勒"号一边写作，一边钓鱼，肆意地享受着大海赐予的愉悦。他让船在水面上任意漂着，自己在舱里或者甲板上睡觉，睡醒了就去钓鱼或者写作。基韦斯特处于洋流交汇处，鱼类很多，尤其是马林鱼，不仅个头大而且数量也很让人惊叹。有一次，海明威钓到了一条三米多长的马林鱼，他跟那条鱼较量了很长时间。大鱼的力气很大，一个半小时后，它拖着海明威的船足足游了八海里。海明威努力旋转身子，把钓绳缠在腰上，好缩短大鱼和船之间的距离。他双手紧紧抓住鱼竿，跪在甲板上，同行的朋友都紧紧抓住海明威，生怕他被拖进海里。后来马林鱼游得越来越慢，大家都觉得鱼快到手了，不料这时鱼竿折了，摆脱鱼钩的马林鱼飞快地游走了，众人懊恼不已。

海明威经常出海，快艇里有酒和易储存的食物，钓上来的新鲜的鱼也可以成为食物。他也很喜欢吃鱼，认为多吃鱼会有助于自己写作。海明威每次出海都会去上十天半个月，有一次他一连在斯特里姆海湾度过了 100 天。一个著名的女演员评价说，海明威就是一种生活方式。

他把创造和享受结合在一起，调节好事业与爱好的关系。在他的作品中描写拳击、钓鱼、滑雪等都能够真实可感。

虽然在海洋中钓鱼给海明威带来了很多以往没有的体验，但是他是不会就此满足的，他永远都在向往着远处未知的世界，永远都渴望新的体验。"作家就应该过着像吉卜赛人那样动荡的生活"，他这样说。他也这样践行着自己的名言。

5. 踏足非洲

充满原始气息、奇异风光的非洲大陆深深地吸引着海明威，早在 1922 年，当海明威还在《多伦多明星报》工作的时候，就曾经发表过一篇关于《巴托阿拉》的评论，这是法国黑人作家雷奈·马兰的小说。书中讲述了一个非洲土著部落酋长的生平，在书中作者以当地土著的角度来写，控诉法国的殖民政策。这带给海明威很多感动。雷奈·马兰曾经凭借这本《巴托阿拉》获得龚古尔文学奖。海明威也渴望自己能到非洲的土地上，亲自拜访那些非洲部落的酋长们，想"闻到那个村庄的气息，吃到那个村庄的食物，看到黑人眼中的白人。"

海明威要去非洲，他给博金斯写信，说他也想以这个少有人关注的地方为背景写篇小说。博金斯对这个想法很支持，还主动提出愿意给他一笔预支稿酬，希望他能写出一篇精彩的小说。波林把两个儿子送回皮戈特，打算陪他一起去。海明威想去非洲的想法也得到了格斯叔叔的支持，格斯还给了他很多物质方面的资助。

1933 年 8 月 7 日，海明威夫妇出发先去了西班牙住下，10 月份的时候到达巴黎，与他们在基韦斯特的好友汤普森会合。深秋的巴黎透着一种特别的韵味，依然优雅如昔，美丽如昔。但是海明威的心情并不是那么美好，因为纽约的文学评论家对《胜利者一无所获》的评论让他很失望，甚至一度怀疑自己创作想象力的匮乏，变得忧心忡忡。虽然整体情况不乐观，但是其中几篇还是很受欢迎的，如《怀俄明的酒》、《暴风雨之后》、《哈里摩根》等。他的朋友索里达帮他把《哈里摩根》打印出来，寄给了《世界报》杂志社，1934 年《世界报》刊登了这篇小说，还给了海明威 5500 美元，创造了海明威短篇小说稿酬的新高。

他们的非洲之旅正式起航于 11 月 2 日，从马赛港乘坐"梅辛杰将军"号邮轮出发。时值深冬，天气寒冷，还经历了地中海地区特有的冬雨季节，一连几天阴雨绵绵，更加重了冷意。好在一路向南，经过地中海、苏伊士运河、红海再进入太平洋，越来越接近赤道，气候也越来越暖和。他们终于在 12 月 8 日抵达了肯尼亚的蒙巴萨港，之后他们乘火车到了肯尼亚的首都内罗毕。内罗毕位于阿西平原，北临肯尼亚山，向南可以看到被称为"非洲屋脊"的乞力马扎罗山。整个城市五颜六色，有波状的铁皮棚屋，也有建得很漂亮的石头砌的屋子，最多的是非洲土著的平房建筑群，在内罗毕能看到很多外国人。内罗毕是非洲相对来说比较发达的城市，也是进入非洲的门户，一行人在这里休整了几天。

他们联系了坦噶尼喀导游公司，公司为他们介绍了两个优秀的导游，一位是巴龙·布鲁尔·布里克森，另一位是菲利普·珀西瓦尔。珀西瓦尔英文很好，曾经做过美国前总统西奥多·罗斯福的猎手。他和海明威一样身材魁梧，精力充沛，态度谦和有礼，很值得信赖。珀西瓦尔的一生充满传奇色彩，经历过很多事情，打猎的故事讲起来滔滔不绝，海明威和他很快就成了好朋友。他们在内罗毕找到了几个当地的猎手，组成了一个狩猎队。又准备了两部货车，专门运载帐篷、营具、炊具和猎枪、弹药，还有一辆大型的越野车，可供余下的八个人乘坐。12 月 20 日，十个人准备妥当之后就向着野兽成群的赛伦盖蒂平原出发了。

赛伦盖蒂平原风景优美，植草丰茂，为动物们提供了充足的食物水分，是很多动物栖息繁衍的理想之地。对于海明威等人来说，这就是猎物丰饶的狩猎场所。刚驶进赛伦盖蒂平原的时候他们正好看到了动物迁徙，成千上万的动物源源不断地出现在远处天地相接的地方。海明威激动地瞪着眼睛很长时间说不出来话，那种兴奋感远超过当年乘出租车在巴黎城内追赶炮弹的时候。

打猎进行得很顺利，十天之内他们就捕到了羚羊、野牛、瞪羚、狒狒等动物，在其他老猎手的指点下，海明威的打猎技术更进了一步，甚至有一次，他自己一人打下了一头狮子。那是一头十分威武漂亮的雄狮，身体长长的，有光滑的棕褐色皮，金黄色的鬃毛。海明威心里涌动着无限的自豪感，他很喜欢狮子的威武雄壮的气质，后来在他的小说《老人与海》中，那个执着勇敢的老人在睡梦中总是能看到一个狮子的英姿，海明威把两者的精神合二为一。

几天过后，他们开始准备正式打猎大型的猛兽。有经验的猎人告诉海明威，与狮子比起来，打豹子更难也更危险，因为豹子的速度很快，听觉视觉又都很敏锐，而且狮子不会扑人，但豹子会很凶猛地反扑。如果你想对付一头豹子，就必须有足够的耐性、勇气和准头。黑人猎手穆克拉让海明威看自己手臂上曾经被豹子咬出的伤疤，那深深的丑陋的疤痕还让他心有余悸。但是海明威不怕，他想做的正是打到一头豹子。他总是走在最前面，觉得只有这样自己才能算得上一个真正的男子汉，算得上一个英雄。

有一天，大家在河边发现了一个巨大的豹子的脚印，全队人都兴奋起来。他们把一只狒狒的尸体挂在河边的树上，轻轻地退去，然后仔细检查布置得是不是严密，有没有留下任何能被发现人的气味的东西。第二天，大家都早早醒来，拿着猎枪来到河边那棵树附近。他们悄悄地进入伏击圈，正在吃食的豹子突然停下来，猛地抬起头，耳朵竖得直直的。双方保持了很长时间的静止，豹子发现没有危险就又低头吃了起来。可是当他们试图走得近一点时，窸窣的声音还是惊动了警觉的豹子，它拔腿就跑。说时迟那时快，海明威端起猎枪，对着豹子果断地开枪了。巨大的响声让他的同伴吓了一跳，谁都没料到他会这时开枪。

让他们失望的是，豹子已经不见了。显然，豹子没有被打中要害，跑走了。大家都有点责怪海明威的鲁莽，急躁的海明威缺少了一些耐性。他们除了沮丧外还感到一丝害怕，穆克拉说那是他见过的最大的豹子，受伤的豹子是很危险的。他们只好埋伏在原来的地方，希望能看到那头大豹子返回来。结果他们在差不多和人一样高的草丛里埋伏了一天，受尽蚊虫的叮咬，太阳的暴晒，每个动作都小心翼翼，不敢有丝毫大意。但是豹子还是没有来，也没有其他猎物。大家毫无收获地回到了营地。由于自己的失误让大家的努力付之东流，海明威心里很失落也很恼火，他发誓一定要亲自打中那只豹子。

第三天早晨，海明威醒得最早，荣誉感、责任感都让他成为最想抓住豹子的人。他们又来到河边放诱饵的地方等着，几只鬣狗发现了挂在树上的肉，够不着肉的它们急得干打转。他们不敢随便开枪，怕惊吓了可能在周围的豹子。又等了将近一天，当大家信心消逝的时候，那只豹子终于露头了。它走到树下抬头看挂在树上的猎物，扫视了一下周围，感觉没有危险时一跃而起，这下它的整个胸部和腹部都暴露在猎人的面前。海明威这时毫不犹豫地扣动了扳机，豹子一下子栽倒在地。海明威兴奋地从草丛里站起身来，刚要冲过去，那只豹子却突然站了起来，跳到了深处的草丛里。海明威吓了一跳，自己明明十分确定打中了它，怎么还能让它逃跑呢？难道是自己又打偏了？夜幕渐渐降临，不远处黑暗的草丛里正有一只受伤的猛兽盯着他们，想想就让人不寒而栗。穆克拉说，豹子肯定会做最后的挣扎的，他们所有人都背靠背站到一起，端起枪对着各个方向。前方的草丛里传出"呼——呼——"的声音，顺着声音，他们看到了那只受伤的豹子，海明威站在最前面，离得最近，他端着枪对着豹子，屏气凝神，不住地给自己打气。几分钟的时间简直比一年的时间还要长。豹子往前走了几步，突然间倒下，挣扎了几下就不动了。

海明威的子弹利落地打穿了豹子的肺部，但是它还是坚持了好几分钟的时间。海明威把那只最大的豹子打死了，警报解除，一群人一起欢呼起来，海明威像一个英雄一样被大家抛到空中。这是打到的最让他骄傲的猎物，海明威终于圆了自己的英雄梦。

他们一直在草原上和森林里打猎，居住环境和饮食卫生都得不到保障，非洲的高温天气很容易让细菌滋生，野外的蚊虫也是凶猛异常，很容易让人感染到病毒而生病的。从欧洲远道而来的海明威虽然体壮如牛，也抵不过病毒的侵袭，打猎进行了一个月左右的时候，他患上了痢疾。大家劝他在帐篷里休息几天，波林也愿意留下来照顾他，但是他不听，他怕自己一个人留下孤独，还有一个原因是他在默默地跟别人作比较，看谁的猎物更多，如果因为生病一休息肯定会被别人超过的。海明威的固执又犯了，坚持要自己出去打猎，还嘴硬说自己感觉好得很。刚开始的时候，他还能跟上队伍，慢慢地他就体力不支了，疲惫地靠在树上休息。后来他连拿枪瞄准的力气都没有，只是把身子倚在树上，对着天空胡乱开枪。天上的鸟和周围的动物听到枪响都慌乱地逃开，顿时四下乱作一团。

海明威的病情越来越严重，只能卧床休息。他每天只能躺在床上目送别人去打猎，傍晚的时候同伴们都兴高采烈地扛着猎物回来。他在一旁经受一天的孤独懊恼之后心情也越来越差。同行的猎手本·福里到距离最近的村镇拍了电报，要求派一架飞机过来，大家让海明威回内罗毕的医院接受治疗。两天后，飞机终于到达。海明威在波林的搀扶下，强忍着痛苦上了飞机，中断了在非洲打猎的计划。飞机在美丽的非洲大陆上飞着，飞过迁徙的兽群，飞过广袤的草原，白雪皑皑的乞力马扎罗山巅给海明威留下了很深的印象。在飞机上看到的美景也算是对海明威的一种安慰吧。

海明威到内罗毕的医院后，医生对他进行了紧急护理，在非洲得了痢疾，一连几天得不到治疗是很危险的。他在医院里休养了十几天，等精神好一些的时候就在怀里抱着个木板，开始写文章。他给《绅士》杂志投稿的文章中讲了自己打猎的经历和得病的情况，他还幽默地写道：得痢疾起先还是隐隐约约，后来局势声势浩大，再接着就是轰轰烈烈，长驱直下了。也许，生小孩就像得痢疾，肚子胀得特别鼓，肛门快要脱落一样，全身的力气都被夺走了。

1月23日的时候，珀西瓦尔他们已经转移了打猎的地方，到克拉特南部的山区。海明威的病痊愈后就到山里找他们。这个时节山里的猎物已经不多了，他们常常需要走很远的路，于是有了很多时间可以交流。海明威经常和他们谈论勇气和怯懦的问题，海明威认为有勇气的人才有尊严和自豪感，临危不惧的人不会是懦夫。珀西瓦尔没有表达自己的观点，只是给海明威讲了这样一个故事：1926年的时候，在乞力马扎罗的山巅发现了一头冻死的豹子的尸体，这只豹子很有可能是为了追赶山羊而到这里的。明知道到山上可能会死，但是它还是没有放弃对猎物的追赶。海明威后来在《非洲的青山》中说："我深深地懂得，面对危难不退缩，闯过去，即使死了也不是白白牺牲，因为你做了你应该做的事和你一生乐于追求的事。"这大概就是从打猎时领悟到的真谛吧。

2月份的时候，非洲的狩猎行程基本接近尾声了，海明威因为生病的缘故，和别人相比猎物少很多。知道海明威好胜心的珀西瓦尔像导师一样开导他：好胜心是我们共有的原始的情感，如果好胜心不强会一事无成，但是如果好胜心太强，超过了你的能力的话，就会成为一种负担。海明威认为珀西瓦尔的话很有道理，他告诉珀西瓦尔，自己早已经恢复正常了，一切都过去了，他珍惜的是大家一起进行的这次了不起的旅行。

6. 旅行归来

1934年3月，海明威结束了非洲的狩猎之旅，返回的途中汤普森和他们在巴黎分手，海明威和波林在那里停留了一段时间，这个让他们相逢的城市唤起了他们幸福的回忆。刚从非洲回来的他们带着一肚子的故事和新闻迫切地想要分享给朋友们。

海明威见的第一个朋友是他们出发去非洲前在巴黎认识的一个年轻人，名叫奈德·卡尔默。他是一个怀着文学梦的人，努力写小说却总也得不到认可，经济收入也很有限，令这个家庭雪上加霜的是他的妻子还患有慢性病。海明威刚认识他时，他的女儿刚出生没多久，海明威做了小女孩的教父。这次海明威去看他时，奈德的第一本小说就快出版了。他和奈德交流写作手法，认真指导奈德写作，给予他坚持梦想的勇气，就像曾经的前辈指导自己一样。临走时，他还悄悄地在小女孩的被褥里放了一些钱。

之后海明威到"莎士比亚之友"书店看望老朋友西尔维娅·

比奇。当时正是书店最忙的时候，西尔维娅·比奇就把海明威带到二楼，递给他几本书，让他自己先看一会儿，自己忙完手头上的事就上来。不巧的是西尔维娅不小心，在递给海明威的几本书里夹了一本温德汉·路易斯的新作，名叫《笨牛》，这本书里的每一条内容都是针对海明威的反驳和批判。海明威看到后怒从中来，拳头狠狠地砸在桌子上。桌子上放的插有郁金香的花瓶应声而倒，花瓶碎了，水流到了桌子的书上。海明威冷静下来之后感到很抱歉，执意让西尔维娅收下1500法郎作为赔偿。

5月份，海明威和波林回到了基韦斯特。回到家之后的第二天，海明威就投入了写作状态。非洲之行给了海明威很多感触和灵感，他恨不得一股脑地把自己想说的话全部说出来。而且当时海明威买那艘快艇"拜勒"号是从《绅士》杂志社预支的3300美元的稿费，海明威答应要给杂志社写一定数量的稿子，现在他要兑现他的承诺，写作的压力还是有的。他一边为杂志社写稿件，一边为自己的下一本书做准备。月底的时候，波林去皮戈特的父母家接两个儿子，家里只有海明威自己一人，他拥有了一个单纯的写作空间，依然是延续以往的写作习惯，上午写作，下午休息娱乐。下一部作品《非洲的青山》写作进度很快，11月份时就接近尾声了。

但这时海明威却停了下来，旅行的欲望又一次袭来。他和多斯·帕索斯夫妇一起登上了去比尼岛的"皮拉尔"号。比尼岛位于基韦斯特的东北方向，两岛间的距离大概有230海里，这里海域更开阔，经常有鲨鱼出没，海明威这次就是去捕捉鲨鱼的。多斯·帕索斯也是捕鱼好手，他们用钓绳把鲨鱼拖拽过来，左手将鱼叉插进鲨鱼的身体里叉稳鲨鱼，然后右手拿出手枪向鲨鱼射击。捕鱼进行得很顺利，每个人都捕到一条大鲨鱼，多斯还捕到了一只海豚。有一次海明威又看到一条鲨鱼，他像往常一样，正要开枪射击时，不断剧烈扭动的鲨鱼居然将粗壮的鱼叉弄断了。鲨鱼身上带着鱼叉就往远处游，海明威见状慌了神，连忙朝着鲨鱼开枪。但是鲨鱼已经游远了，着急开枪的海明威准头不够，有一颗子弹射到了游艇的铜栏杆上被弹了回来，正好射中海明威的腿，他的腿顿时血流如注。海明威又受伤了，多斯和同行的人赶紧把他送到医院救护。

海明威回到基韦斯特养伤，躺在病床上开始继续写《非洲的青山》，写完后又对它进行修改、校对。《非洲的青山》这本书在1935 年的时候出版了，海明威对这本书很满意，说这是他"真正的自传"，他感觉这本记录非洲之行的书和曾经让他引以为傲的《大双心河》不相上下，甚至超过后者。新出版的书成为评论家们评论的原料，也为当时文学界埋下争论的种子。

海明威的前两部作品的反响并不是很好，有人开始怀疑这个天才作家是不是已经江郎才尽。读者、评论界以及他本人对他的新作品都是充满期待的，但是《非洲的青山》出版后还是没有能获得《太阳照常升起》和《永别了，武器》那样的美誉和好评。海明威在接受采访时的言论也给大众留下了话柄。

海明威在参加一个访谈节目时分析美国当代文学的时候说到，很多作家都会被两个枷锁制约了他们的写作。第一个就是金钱，一个作家苦心研究练习写作，渐渐成名，社会可以给他无数褒奖，也会给他很多物质上的回报。毫无意外，作家就会相应地提高自己和家人的生活水平，为了可以维持这种生活，一些作家就会不讲质量地写出一些作品，一旦作家背叛自己，就会出现这样的情况。另一个是名誉，很多作家会被评论家们牵着鼻子走，如果评论家对作品一致批判挖苦，很容易使他丧失写作的动力。

在评论家的指导下，一心想写出经典佳作的他们会无从下笔，如果他们继续大胆地写下去，是有可能写出好作品。评论家应该为文学的枯萎负责。

海明威这么说不是没有道理的，他帮助过的奈德就曾经想过要放弃，而他的好朋友斯科特·菲茨杰拉德则是被金钱困住了。菲茨杰拉德的妻子是一个热衷享乐的人，他必须写更多的文章换取稿费。从非洲回来在巴黎时，海明威见到了菲茨杰拉德，他对菲茨杰拉德的作品和他酒醉的憨态很不满意，他认为菲茨杰拉德在浪费自己的才华。

海明威作为旁观者，看别人是比较清楚理性的，他这么说是为了证明自己的勇敢和不慕名利，但他自己又何尝没有受到影响呢？他后来也说出"我生活得很舒服，但是我必须写作，否则我就没办法享受我的下半辈子了"这样的话。虽然他没有因为评论界对其作品的不满而放弃写作，他的情绪还是会被左右的。

当时《非洲的青山》获得的批评还是多于赞誉。批评声来自各个方面，《新共和》刊登的马修斯的文章里说："过去读海明威的书是一件让人兴奋的事，但现在实在让人无味……海明威自以为什么都能写，也都能得逞，但他所写的东西并不像他想得那样引人入胜。"埃德蒙·威尔逊指出，"海明威正在被之前为他制造出的美国神话所欺骗，这种神话和他在现实生活中看到的是不同的，和人们在他故事里看到的也是不同的。不管怎么说，他本人无疑是他自己描绘的最糟糕的人物，也是自己最差劲的评论者。他真正的散文风格被自己破坏了。"早在此之前，就有一位苏联的评论家和翻译家卡什金在他写的一篇名叫《欧内斯特·海明威：艺术的悲剧》的文章中指出了海明威的作品存在的问题。海明威的作品远离广大美国人民的生活，远离人们关心的话题，远离国内国际的政治。这使得他的作品显得游离在现实世界之外。一个艺术家必须以坚实的现实生活基础为依托，否则必将走向悲剧的结局。伯纳德·德沃托评价说，《非洲的青山》是一本淡乎寡味的书，里面很少有十分精彩的段落出现。

海明威是一个有点虚荣的人，很在意别人的看法，尤其是对于自己喜爱的作品。写作时的压力能还没有得到及时的排解，漫天的批评之声更让他倍感压抑，11月份的时候，海明威陷入了精神抑郁。他在给母亲的信中说："我连续几个月都在面对失眠的痛苦，常常是在凌晨两点的时候醒来，然后干躺着听钟表敲响三点、四点、五点的钟。有时干脆起来工作，直到天亮，因为脑子总是在飞速运转，没有办法入睡。我终于亲身体会到了抑郁症的滋味，也开始理解父亲当时的选择。"

但是海明威还是选择以强者、硬汉的姿态出现，他下定决心把工作干好，让工作来填充自己的精神，空虚是每一个作家都会遇到的，在别人面前叫嚷只会加重自己的空虚感。同时，他也开始反思自己，开始认识到成功也可以像失败一样带来阻碍。他开始观察周围的生活，认真思索，努力让自己的作品更有思想。

海明威一年之后完成的中篇小说《乞力马扎罗的雪》可以说是他反思的结果。在小说中，作家哈里·沃尔登在妻子的陪同下来到乞力马扎罗山附近打猎，不小心被划伤了右腿，由此造成了感染，恶化为坏疽，情况相当危险。妻子海伦陪着他等待救援的飞机赶来。哈里变得脾气暴躁，重病中的他唯一能做的就是冲着妻子发脾气。哈里以前像其他爱国青年一样，曾志愿参战，为国浴血奋战。他曾经十分相信理想和爱情的美好，也以自己的写作才华为傲，但最终却因迷恋金钱、贪图享受而过上了自甘堕落的放荡生活。哈里认为自己之所以变成这样都是因为海伦，海伦是他才华的摧毁者，她提供的钱财和温顺的付出让他迷失了自己。他在心里是看不起妻子的，有钱人不过是只会喝得酩酊大醉，沉溺于享乐的混蛋。

但是海伦依然一如既往地对待哈里。她需要从哈里那里得到爱，为了爱她甘愿放弃一切。她处处以哈里为重，怕打扰到他打猎，自己就到离他很远的地方打猎；在他生病后为他读报纸，陪他聊天；还专门出去为他捕到一只小羊，好让厨师能给他做上好喝的肉汤。

最后，哈里终于发现了自己其实是爱海伦的，真正应该被鄙视的是他自己。毁掉前途的是自己，浪费才华的是自己，在濒临死亡之际丧心病狂的还是自己。"为什么要责备这个女人？是他出卖了自己和自己的信念；因为酗酒过度，使他的洞察力变得迟钝麻木。最终还用自己的才华做了交易。"

突然间想明白的哈里·沃尔登将心中多年来的愤懑和怨恨都释怀了，内心对死亡的愤怒以及恐惧逐渐变得坦然。哈里对死亡渐渐地有了深层的感悟：躯体总是要归于尘土的，然而人的精神却会超然于尘世之外，获得重生，他的肉体即将死亡，而他却在幻境中飞向乞力马扎罗雪山的巅峰。他看到，像整个世界那样宽广无垠，乞力马扎罗山的方形的山巅在阳光中显得那么高耸、宏大，而且白得让人目眩。于是他明白，那儿就是他要飞去的地方。虽然身死但是灵魂却得到提升。正如文中开头提到皑皑白雪覆盖下的乞力马扎罗山的西巅，有一具已经风干冻僵的豹子尸体，没有人能解释豹子到这样高寒的地方来寻找什么。也许，豹子在寻找什么并不重要了，它在如此的高度上出现，本身就有了独特的魅力。

小说中哈里的自我谴责也是海明威对自己的反思。乞力马扎罗山位于赤道，但它高耸的山巅上积雪终年不化，在阳光的照耀下发出耀眼的光。这些洁白的雪是神圣高洁的象征，是美好信念与理想的象征。就像乞力马扎罗山的雪不受赤道高温影响一样，那份美好不受世俗的侵染，哪怕是人间众人热衷的功名利禄，都可以被忽视。哈里想去的地方是那里，海明威想去的地方也是那里。不同的是，对于哈里而言是一种终结，对于海明威来说则意味着新的开始。他告别了在"迷惘的一代"那类作品中消极悲观的基调，开始追寻希望和光明。

经历过非议和批判之后，海明威终于又一次拿出能让世人惊叹的作品。不论是意识流手法的运用，还是主题精神层面的揭示，海明威都证明了自己的杰出。

第六章　战地生涯

1. 战火燃烧

西班牙内部的种种矛盾由来已久，左翼分子和右翼分子相互攻击、政府尝试性改革受阻失败以及宗教问题等，这种种对立最终走向武装斗争。

1931年，共和党在大城市选举中获得了绝对优势，民众中，要求时任国王阿方索十三世退位的声音很大，国王阿方索退位离开西班牙，西班牙从那时起建立了共和制度。但是在新成立的政府治理下的西班牙并不稳定，在很多方面都存在管理力度不够、政策无法落实等诸多问题。各政党分裂成左右两翼，左翼是西班牙人民阵线，右翼是民族主义者，势力此消彼长。1936年2月，西班牙人民阵线联盟在新一轮的竞选中超过了共和党，解散了原来的政府，成立了联合政府。当时全球性的经济危机已经冲击到西班牙，新政府的压力很大，进行一系列改革，试图依靠自己的执政理念拯救本国经济。与此同时新政府需要面临的挑战还来自日益猖獗的右翼分子，两者之间的冲突不断激化，显得联合政府难以控制局面。

弗朗哥当时是驻摩洛哥和加那利群岛军队的司令，1936年7月18日，他和莫拉等西班牙殖民军将领发动叛乱，利用掌握的军队举行军事武装暴动。联合政府没有能做出快速有力的回击，犹豫之际，叛乱已经迅速蔓延到西班牙本土加的斯、塞维利亚、萨拉戈萨等大中城市。随着叛军的节节胜利，其影响力也不断扩大。越来越多的人加入其中，约有12万人的陆军和空军部队以及摩洛哥人组成的"外籍军团"加入，组成"国民军"，迅速扩充了叛军的势力。之后，联合政府发出成立人民阵线的号召，在政府军之外组建人民警卫队等民兵组织。西班牙各阶层人民纷纷响应，两天之内就有30万人报名。马德里、巴塞罗那、巴伦西亚、卡塔赫纳等大中城市的叛乱很快被平息，叛军退回到南方部分小城镇。共和军并没有丧失工业、政治中心和经济重镇。

但是之后的形势发生了变化，弗朗哥推行的法西斯政策得到了意大利、德国法西斯的支持，他们为叛军提供飞机、坦克等先进武器，甚至直接派军队支持弗朗哥继续内战。政府军面对的威胁加大。很多国际上的进步人士同情西班牙政府，大批非西班牙公民的外国人也参与了战斗。共和派得到苏联的援助，近4万名各个国家的共产主义者和社会主义者组成了闻名世界的国际纵队与法西斯势力进行战斗。民间左翼与反法西斯人士也募集金钱援助共和政府。西班牙内战实际上已经成了当时世界上各种势力的练兵场，是第二次世界大战的热身演练。

海明威对西班牙有很深的感情，他在旅居欧洲的近十年里每年都去西班牙看斗牛，自己的生日也都是在西班牙过的。他对这个国家充满热爱，甚至把它当作了自己的第二故乡。所以海明威对这场战争投入的关注很多，他深刻体会到人类的苦难，斗牛场化为废墟，大教堂变成沙砾，人们遭到屠杀。1936年11月，北美报业联盟总经理约翰·惠勒给海明威写了一封信，问他愿不愿意去西班牙再当一次战地记者，海明威应了下来。

海明威对战争并不感到恐惧，相反，他把这看作自己的机会，他能为自己热爱的国家贡献一分力量，也能在战争中得到很多平时不可能有的感悟。战争也能够启发作家的思维，参加第一次世界大战虽然给他的身体和精神留下伤痛，但参战的经历也同样给了他一笔人生财富。第一次世界大战让他得到了令人羡慕的荣誉，让他尝到了爱情的味道，为他的写作提供了独一无二的素材。在意大利做战地记者让他学会独立思考，锻炼了文笔，形成独特的文风。海明威说"没有什么能够比战争场面提供给作家更多的素材了"，确实如此。

海明威在给朋友马修·约瑟夫逊的信中说"虽然我在基韦斯特拥有看起来很幸福的生活，我有漂亮的房子还有游艇，但是生活太安逸了，我可以永远这么生活下去，但是我将永远没有办法真正经历什么事情，我必须得让自己走出去……也许，这次去西班牙会是一场壮观拳赛的开始。"海明威可以为自己的写作捕捉到新的素材，也可以巩固公众对他的好印象。去西班牙做战地记者是一个新的拼搏的开始。

海明威和很多进步人士一样，对叛军的行动和策略觉得厌恶和反感。之前飞机的作用主要是侦察，而西班牙内战中，弗朗哥的国民军首次使用了飞机进行轰炸。他们还对不设防的城市进行大规模轰炸，医院和马德里工人区都在其中，这在以往的战争中都是没有的。海明威在意大利做记者的时候就对墨索里尼和法西斯政党很反感，还表示如果墨索里尼还在当政，他就不会再踏进意大利一步。

海明威站在人道主义的立场上关注那些被压迫、被战争迫害的劳动者们。这些一直以来被压迫、被剥削的劳动者是共和军的主力，地主、商人、天主教会的教士大多支持国民军。发动战争的国民军拥有意大利捐助的设备良好的救护车，而共和军什么都没有，很多东西都需要援助。在情感上，他是接近共和军的，但这并不能证明他是完全赞成左翼势力的行动。海明威说，西班牙战争是一场不好的战争，没有谁是绝对正确的。

海明威在1937年1月的时候离开基韦斯特到纽约去。海明威在纽约和北美报业联盟的负责人就薪酬问题进行了协商。最终他们协定：海明威邮寄回来的篇幅较长的报道每篇1000美元，每则电讯报道500美元。并且他们还让海明威预支了一部分做来往的路费。这笔钱对海明威来说并不算少，后来他还为两名自愿到西班牙参战的志愿者买了船票。

荷兰导演约文斯·伊文思和古巴小说家普露坦切奥·德一起拍摄了一部宣传西班牙共和派的影片，名叫《战火中的西班牙》。他们邀请海明威为影片撰写解说词，海明威因此在纽约待了两个月。之后海明威的朋友多斯·帕索斯、莉莲·赫尔曼找到他，和他商量了一下他们几个想一起拍纪录片的想法，他们也希望海明威能够加入他们中。多斯·帕索斯的想法是将拍摄地定在西班牙，用真实的影像来制作纪录片，旨在向公众揭示西班牙人民的悲惨处境，以期唤起美国人对这次战争的关注和对西班牙人民的同情。这个立场正是海明威所赞成的，而且他刚给上一个影片写过解说词，积累了经验，于是便答应下来。几个人一起成立了"当代历史学家"有限公司，开始准备拍摄。纪录片的名字叫作《西班牙大地》，他们请到了伊文思做导演，具体的创意由他提出；约翰·费尔诺负责摄影；海明威负责撰写解说词；公司负责筹集资金和推广发行作品。

1937 年 2 月底，海明威和伊文思、约翰·费尔诺、多斯·帕索斯一起乘船去欧洲。伊文思和海明威一样都是简单率真的人，由于这样的性格两人没少闹矛盾，但是两人惺惺相惜，互相欣赏，总能很快和好。在伊文思的印象中，海明威喜欢炫耀自己的体格，表现自己的勇敢，他总是带着一些孩子气的骄傲，而且不懂得如何掩饰那种骄傲。

3 月 16 日，他们在法国的图卢兹登陆，又从图卢兹乘飞机飞往西班牙的巴伦西亚，之后转乘火车来到西班牙首都马德里。在他们到达的一个星期后，一个叫玛莎·盖尔霍恩的女人也来到了，她就是海明威已经跟伊文思说了一路的那个"漂亮姑娘"。

玛莎是海明威在基韦斯特时认识的。1936 年 12 月的时候，玛莎和家人一起来到基韦斯特度假，海明威在酒吧里注意到了这个年轻漂亮的姑娘，她身材修长，金发碧眼，穿着入时，身上散发着优雅迷人的味道。这样标志新潮的人物在那个古朴偏僻的小岛上可以说是很耀眼的。海明威主动搭讪，向她做自我介绍，还开车带她在岛上兜风。

玛莎是一个能力很强的人，她 1908 年出生在圣路易斯，父亲是华盛顿医学院的教授，母亲是一个社会改革家，在美国和欧洲的一些名气很大的杂志社做过专栏作家和记者，还为罗斯福总统的顾问哈里·霍普金斯做过调研员。玛莎也是个写作爱好者，发表过两部作品，一部长篇小说《疯狂的追求》和一部短篇小说集《我见到的风波》，这两本书的序言和推荐语都是由文学界的名人书写的。

玛莎认识海明威之后经常去海明威家做客，波林虽然很不欢迎自己的丈夫带回来漂亮的女孩子，但是她也懂得克制自己，礼节上还是很周到。玛莎向海明威讨教写作的方法，也和他讨论西班牙内战的局势，他们之间有很多共同语言，作为妻子的波林经常被晾在一边。波林结婚后尤其是有了儿子之后就很少关心丈夫的工作了，而且波林作为一个虔诚的天主教徒，她更支持国民军，这和海明威的立场是不一样的，彼此间的交流显得困难。与此同时，玛莎和海明威的感情正在慢慢升温。

玛莎在事业上野心勃勃，充满干劲，对待自己的感情也是如此。由于曾经在政府部门工作的关系，玛莎比海明威更关心政治，分析也更透彻。她的政治观点渐渐影响了海明威，海明威后来成了一个共和派的坚决拥护者。玛莎很支持海明威到西班牙战场上去，并表示她自己也会去西班牙。

玛莎先回了一趟圣路易斯的家，和海明威约好在路上见面，但阴差阳错直到在马德里才相见。当时马德里正在一些沙文主义者的攻击下，形势很紧张，经常会有爆炸袭击，居住在马德里的居民每天都提心吊胆。他们下榻的佛罗里达酒店距离敌人落脚的根据地仅仅两英里远，敌人的炮弹有一次就飞入了酒店里，还好没有伤到人，只是炸坏了楼里的一个热水箱，热水流得到处都是，蒸汽也四处弥漫。

海明威在西班牙很有名，受到众人的爱戴，共和政府很感激海明威的支持，专门为海明威准备了一辆车并提供充足的汽油，允许他们自由采访。海明威和玛莎白天都忙着采访，玛莎去大大小小的医院、救护站看望受伤的士兵和勇敢抵抗的群众，揭露战争的罪恶和残酷；海明威则常去主战场和前线，报道当地的战况。他们晚上则回到酒店赶着写报道、简讯，有时，海明威晚上就留在军营里，和战士们一起睡。

他的报道风格和以往显得不太一样，如今的报道会涉及事件的背景，考虑军事战略的意义和对群众的影响，会多少体现自己的政治观点，而不再像以前那样单纯客观记录事件。伊文思和约翰·费尔诺为了拍摄纪录片，经常去战斗最激烈的地方，抓拍难得的镜头，没有采访任务时，玛莎和海明威也会一起去帮忙拍摄。他们在炮火中奔跑、抢拍、躲避，都免不了会流血受伤。

纪录片的录制在紧锣密鼓地进行着，1937 年 4 月底，影片的拍摄已经基本接近尾声，海明威开始着手为纪录片撰写解说词。他把对西班牙的了解和战争期间自己的所见所感都写出来，常常会写得过多，纪录片一共是 50 分钟的片长，但想要读完海明威的解说词需要 55 分钟，最后不得不删改。伊文思提出这个纪录片的解说词最好让海明威来读，职业的配音员可能有着完美的嗓音，但是他的感情一定不会比海明威更真挚。海明威对于配音虽说完全是个外行人，但他很乐意接受这个任务。海明威的献声让这个纪录片有了自己的特点，最后事实证明这个决定是正确的。

《西班牙大地》一共耗资 1.5 万美元，海明威自己就支付了将近四分之一。纪录片做好后，"当代历史学家"有限公司的其他成员开始在美国推广公司的作品，有好几家影院都购买了这部纪录片。很多观众想了解更多关于西班牙的东西，而不只是满足在电视新闻上看到西班牙的战况，他们会去观看这部纪录片。而且导演伊文思和撰稿者、解说者海明威都是名人，有很多观众是奔着他们的名气去的。

5 月 18 日，海明威回到基韦斯特休息了两个星期，6 月初到纽约参加了第二次美国作家大会，海明威在会议上作了以《作家与战争》为题的报告，他号召大家反对法西斯。因为法西斯主义就是强盗们所说出的谎言，一个不愿意撒谎的作家是不可能在这种制度下生活和工作的。这种情况下，作家不可能说出自己思考的内容。因此它在文学上必然是不育的。遇到战争对于作家来说，既是幸运的，也是不幸的。作家想要写得真实就必须在战场上深入观察，但这却是危险的，想要写出好作品，就必须找准自己的立场。

海明威7月8日乘飞机到华盛顿见罗斯福总统和夫人，他有个想法就是让总统观看自己拍摄的纪录片《西班牙大地》，好让西班牙共和派能得到美国的支持。想达成这个想法需要玛莎的搭线架桥。原来玛莎在为哈里·霍普金斯的紧急救援署工作的时候，由于工作能力突出，很被器重。霍普金斯经常安排她去全国各地做调研，她能够了解很多人，看透很多事，并能栩栩如生地描述出来，她写的报告总是能打动人心。罗斯福总统的夫人埃莉诺·罗斯福读到了玛莎的文章很是欣喜，让霍普金斯把玛莎介绍给了她。埃莉诺很喜欢玛莎的美丽和才华，两人成了很好的朋友。

罗斯福夫妇抽出时间观看了《西班牙大地》，还请海明威、伊文思等人一起到白宫吃饭。他们看了影片后很受感动，对海明威等人的才华和能力十分欣赏，罗斯福还认真地提到要是再多加点宣传在里面就更好了。总统夫妇的接见让他们感到很荣耀，《西班牙大地》也因此举更受欢迎。

之后，海明威又和伊文思带着影片来到了加利福尼亚州洛杉矶的好莱坞电影城，他邀请了一些影视明星、编剧等人观看。海明威向他们募捐，集资为西班牙买救护车等设备，虽然海明威已经用自己的钱买了一辆救护车捐给了共和军，但是那在整个大战争中只是杯水车薪。好在募捐做得很成功，为共和军赢得了很多资金，足够买20辆救护车。

1937 年 9 月初，海明威再次前往西班牙。那时共和军的形势不容乐观，国民军占领了将近三分之二的领土，北部海岸已经全部在国民军的占领下。海明威沿路采访，勤奋地写报道。共和军集中兵力向对方发起强攻，终于收复了几座城池。西班牙的天气在 10 月初开始降温，还伴有连日的阴雨，战士们作战的条件也越来越难，每次战役也越来越艰苦。

海明威从前线回到佛罗里达酒店，开始创作他的《第五纵队》。这部作品以剧本的形式和 49 篇短篇小说一起结成集子出版。写作《第五纵队》时，佛罗里达酒店遭到了袭击，他也没有给自己留下很多时间修改，写作略显仓促。该书的题材是取自叛军进攻马德里的真实事件，当时西班牙一个叛军将领扬言有四个纵队围攻马德里，同时城内有一些支持他们的人将配合部队里应外合，命名为"第五纵队"。因为剧本发表和真实事件发生的时间相距太近，整个剧本就像是一个事件的报道，缺乏作者的想象力和文学性，剧本中的对白就像是廉价的宣传，在博得别人的同情。

玛莎和海明威在采访中遇到了《纽约时报》的记者赫伯特·马修斯，他们和这个美国同胞协商，三个人一起前去西班牙东北部的阿拉贡前线采访。阿拉贡位于萨拉戈拉市的东南，很偏僻，在寒冷的冬季条件更显艰苦。共和军和国民军正在那里进行鏖战，他们决定去那里寻找第一手的新闻资料。路上行车也很困难，他们三人轮流开车休息，边走边写稿子。他们有好几次已连续开车 20 几个小时都没有可以落脚休息的地方，饥饿、寒冷是他们习以为常又无可奈何的"敌人"。作为队伍里唯一的女性，玛莎并没有表现出脆弱，她和两个男人一样勇敢，表现出坚韧的毅力，这让海明威和马修斯很吃惊也很钦佩。

　　圣诞节来临的时候，海明威和玛莎决定到巴黎去，不过他们没有同行，海明威先送玛莎离开西班牙，自己处理了一些事情之后才走，当时波林已经在巴黎等着海明威了。自己的丈夫离开这么长时间，和一个妙龄女子在一起，波林心里很清楚发生了什么，她这次来巴黎找海明威一起过圣诞节可以看作是对自己婚姻的一种挽救。但是她的努力并没有起到太大的作用，海明威和波林两人发生很多次争吵，圣诞节过得很不开心，波林带过来的两个年幼的儿子每天都哭泣。不管怎样，在孩子的面前海明威极力想维持一个好父亲的形象，所以在波林的多次劝说下，海明威最后还是跟波林一起回到了基韦斯特的家中。

　　海明威在基韦斯特待到 3 月末，他又去了一次西班牙，5 月份才回来。期间继续给北美报业联盟发稿件。1938 年 11 月，海明威和北美报业联盟所签订的工作协议到期了，在协议结束前又去了西班牙。德意军队大肆使用爆炸性武器，极具杀伤力。共和军无力抵抗，节节败退，失败已成定局。海明威说，法西斯分子之所以大规模使用炸弹一方面是为了震慑西班牙人民，另一方面就是在试验他们炸弹的威力。海明威离开西班牙时心情很沉痛，他为共和军的士兵们感到悲痛，也为他们誓死不屈的精神感动，国际纵队的各国友人慷慨地奉献自己的青春甚至生命，这都给他留下了深深的印象。

2. 第三次婚姻

　　海明威在西班牙的日子里，每天看到的都是些纷飞的炮火、受伤的战士、被毁坏的建筑，还要及时地写报道发给报社，精神压力是很大的。不过还好有玛莎陪着他，两人在炮火中一起出生入死，每次相见都有劫后余生的快乐，这让海明威和玛莎之间的感情既浪漫又惊心动魄。

海明威和波林分开了很长时间，但是他无暇去想远在美国的妻子。作为天主教徒的波林在当时结婚的时候下定决心要反对一切形式的分离。但是她不应忘了，她身边的这个男人是欧内斯特·海明威。刚和波林结婚的那一段时间两人在一起生活得很快乐，但是十几年漫长平淡的婚姻生活让一心追求刺激的海明威感到乏味，尤其在波林剖腹生下两个儿子之后，生活中不如意的地方更多了。其实，波林这十几年的生活也很累，她在海明威身边需要担当多重角色：孩子的妈妈、照顾他生活起居的保姆、文学作品的评论者，还要做打猎时的助手、打鱼时的同伴，和朋友在一起时他还希望波林是漂亮得体的妻子。这样的婚姻让双方都不快乐。当海明威最后一次从西班牙回国时，他开始考虑和波林分开。但是多年的陪伴和两个孩子的存在，让分别显然比想象中困难。

从西班牙战场上回来的海明威已经构思了一个长篇小说，但是和波林住在一起让海明威无法静下心来写作。1939 年 2 月，他独自一人到古巴的哈瓦那去住。3 月份时为了陪来基韦斯特度假的大儿子约翰，他回家待了一段时间，4 月份他又去了哈瓦那。波林不愿意自己一个人在基韦斯特，就带着两个孩子去纽约找自己的妹妹吉尼了。吉尼听波林讲她和海明威之间的问题和自己的危机感，努力帮姐姐排忧解难，带着她在纽约购物、参加聚会，好排解一下她心中的郁结。吉尼还帮助波林想如果海明威提出离婚应该采取什么方式，吉尼告诉波林，必须让海明威受到经济上的制裁。

海明威再回哈瓦那时，玛莎也来到了海明威入住的旅馆。不拘小节的海明威把整个房间摆得很乱，玛莎耐心地帮他收拾好。但是这种整洁维持不了几天，玛莎经常指责海明威邋遢。玛莎决定抽出时间四处看看房子，想给海明威找一个合适的地方，让他从旅店里搬出来。有一次，玛莎在看报纸时注意到了一个招租启事，那是一个在市郊的庄园式的房子，是西班牙殖民时期建立的，所在的位置很偏僻，周围是大片的农田。一般人不会选择这里，但是对于作家来说这里有难得的宁静。海明威最初看到这个房子并不满意，因为很久没有人居住显得很破旧。但是玛莎觉得很好，站在窗前就可以看到哈瓦那城内的风景，虽然旧了点，还是很气派，关键是租金也很便宜。玛莎自己决定把它租下来，花钱请了几个工人把房子粉刷一新，还专门给海明威打造了一间很棒的书房。海明威再见到这个房子时简直惊呆了，玛莎又一次表现出她的聪明能干。海明威把自己收藏的纪念品、兽头都拿过来，开始在这间书房里认真写自己的新小说。

1939年9月1日，德国的飞机入侵波兰，并用"闪电战"的战术在二十几天内就占领了波兰，第二次世界大战正式爆发。卢森堡、英国、法国等国家也相继卷入战争，欧洲又一次成为战场。玛莎很关注政治，二战爆发后玛莎就很想再去欧洲，11月份时她接到《柯里尔》杂志社的工作安排，让她到欧洲采访报道。海明威手上的小说还未写完，不想中断，所以不能陪同玛莎一起去。这次轮到海明威不舍了，好在玛莎只去了一两个月的时间。

海明威1939年3月开始动笔，《丧钟为谁而鸣》用了十几个月的时间才写完，这与海明威其他小说相比算是耗时很长了。这本书在1940年10月出版，海明威在书的扉页上写着"怀着诚挚的爱谨将此书献给玛莎"，他以这样的方式公布了自己的新恋情。

《丧钟为谁而鸣》是根据他在西班牙战场的经历写作的。这是海明威篇幅最长的一部小说，约有 40 万字，但整本书的情节仅仅是发生在 1937 年 5 月底一个星期六的下午到星期二上午这三天时间里。海明威故事情节写得十分紧凑，展示了他高超的细节描写的功力。

美国青年罗伯特·乔顿在大学里教授西班牙语，12 年来，他经常到西班牙考察学习，对西班牙有深切的感情。战争爆发后，他向学校请了一年的假，作为志愿军参加到这场对抗法西斯的战斗中。1937 年春，共和军将领高尔兹为了收复马德里西北重镇塞哥维亚准备向叛军发动总攻，为了切断叛军的增援路线，他们必须炸掉塞哥维亚与瓜达拉哈之间的一座铁桥，担任爆破手的罗伯特·乔顿受到委派去完成这个任务。敌军也知道那座铁桥重要的战略意义，安排了重兵把守，乔顿知道，单靠自己的力量根本就无法完成炸桥任务，他必须向当地的游击队寻求帮助。

在向导安塞尔的带领下，他找到了当地游击队的首领巴勃罗，但是巴勃罗已经不再是当年那个英勇无畏的战士，在有了自己的地位、利益之后，巴勃罗开始患得患失，他在考虑了自己的得失后拒绝了乔顿的请求。巴勃罗的妻子比拉尔是个敢作敢当的人，她率众孤立巴勃罗，终于使巴勃罗答应帮助乔顿炸桥。比拉尔还带着乔顿和自己的助手玛丽亚一起去联系当地另一个游击队的首领爱尔·索多，爱尔·索多很爽快地答应了，但是之后他们发现任务完成后撤退时的马匹不够，为了解决问题爱尔·索多当晚亲自率领几个游击队员到敌军的军营里偷马。他们商量妥当之后，乔顿三人便回原来的根据地。

在来去的路上，比拉尔都有意地撮合乔顿和玛丽亚，玛利亚是曾经被敌军糟蹋过的女孩，被游击队救了下来。最终乔顿被玛利亚的纯真善良打动，爱上了她，并且希望能在战争结束后带她去美国结婚。但是在战火纷飞的年代里，这就是一种奢望。爱尔·索多一行人在偷完马之后，不小心被跟踪导致整个游击小分队全军覆没。最后乔顿在其他游击队员的帮助下，用炸药炸毁了铁桥，但是却牺牲了七个游击队员和安塞尔。敌人封锁了他们的撤退路线，乔顿在撤退中被击中了腿，无法动弹，他决定独自留下，掩护同伴撤退，最终为西班牙人民献出了年轻的生命。

这本书的名字《丧钟为谁而鸣》是海明威花了很大工夫才定下的。海明威用了整整两天翻看《圣经》和莎士比亚的作品，还是没有满意的书名。后来海明威看到了 17 世纪美国诗人约翰·多恩的一篇很有名的布道文中有"不要问丧钟为谁而鸣"这样一句话。他觉得"丧钟为谁而鸣"这几个字很有感染力，人类本是一个息息相关的整体，四海之内皆兄弟。每一个牺牲的人都可能是我们自己，每牺牲一个人，我们都会缺少一部分。最后海明威选择用"丧钟为谁而鸣"做书名，把这段话写在了书的扉页。

海明威笔下的人物已经从"迷惘"中走出，成为一个有目标有意志的人，这是海明威思想的一个伟大的转变。革命和战争不再是与个人的冲突，在战争中人的精神可以得到升华。个人幸福与人类命运、爱情与职责、人的生与死以及国家的存亡都在他的思考之中，苦难是人生的必经之路，人类的贪欲带来战争和混乱，这是最大的苦难。在人世的大非面前，哪里有能独善其身的人，丧钟为逝者而鸣也为每一个人而鸣。这使作品有更深的意义，就像海明威的写作原则那样，有八分之七的"冰川"是隐在文后的，需要读者自己去品味。约翰·张伯伦说"这本小说可以与上等的白兰地相媲美"。

《丧钟为谁而鸣》是海明威的又一部力作，它弥补了 30 年代读者对他作品的失望，证明了自己超绝的写作能力。这本书和

《太阳照常升起》、《永别了，武器》以及后来写成的《老人与海》共同成为撑起海明威文学殿堂的四根支柱。

《丧钟为谁而鸣》出版之后 5 个月内销售量达到了 50 万册，超过了他以往任何作品的销售记录，一再加印。好莱坞买下电影版权时付给了海明威 13.6 万美元。一片大好的形势下也发生了一些不愉快的小插曲。第一件事情是当普利策奖评委会一致推选《丧钟为谁而鸣》为该年度获奖作品的时候，却因哥伦比亚大学校长尼古拉斯·巴特勒所投的反对票而失败了。另一件事情是书被告侵权，电影《马德里万岁》的导演兼编剧控告海明威剽窃了其中的内容，海明威对此拒不承认，回答说"这是发生在天堂中的事，我不得而知。"虽然最后法院判决海明威胜诉，但他心中还是有些不悦的。

波林最终还是放弃了试图挽救婚姻的努力，他们在 1940 年 10 月 14 日办理了离婚手续，法院判定的是"男方遗弃女方，孩子归女方所有"，海明威需要每月支付 500 美元的抚养费。两个人结束了 13 年的婚姻。

三个星期后，海明威与玛莎·盖尔霍恩在怀俄明州的夏延市结为夫妻。他们买下了当时租住的房子，将它命名为"瞭望山庄"。

3. 中国之行

海明威和玛莎刚结婚，玛莎受雇的《柯里尔》杂志就给了她到中国采访的任务，玛莎鼓励海明威跟她一起到中国去。海明威不愿与新婚的妻子分开，于是向《午报》的主编申请了中国战地特派员的职位，申请很快就通过了。

海明威的叔叔韦劳必·海明威是个中国通，1903年的时候就来到中国，为自己取名韩明卫。他是一名传教士，还在山西太谷公理会办的医院当医生。海明威小时候听叔叔讲过很多关于中国的故事，对那个遥远的国度很向往，如今能有机会一睹其风采更让他欣喜万分。

1941年，中国和日本法西斯已经进行了四年艰苦卓绝的战斗，正处于战争的相持阶段。日本侵略军占领了中国大片领土，还试图向中国西北等地进军，但由于战线太长，日军并未成功。中国国民政府的国民党军队在正面战场作战，中国共产党领导的军队则建立了多个抗日根据地，率领群众进行敌后战争。关于中共敌后战场，已经有美国的进步记者埃迪加·斯诺和阿格尼斯·史沫特莱等人进行了报道，所以海明威此行只到国民党正规军的前线去采访。

1941年1月，海明威和玛莎分别见了两个杂志的主编，商量各项工作事宜。《午报》的主编英格苏尔要海明威亲自来远东看看美国与日本的战争是否可以避免，并具体了解下面几个问题：蒋介石与日本的战争的战况如何、中国发生内战的可能、日苏条约签订的影响、美国在远东的地位、造成美日开战的因素以及如何避免美日开战而使日本给拖在远东。

2月下旬，飞机抵达香港。

香港是中国的南大门，当时还没有被卷入战争。有很多内地的富商、官员前来避难，大大小小的赌场、赛马场显得比以往更加热闹。每当夜晚来临，香港到处都是歌舞升平的繁华景象。海明威和玛莎住在铜锣湾一个高档的酒店里，环境优美，食物考究。

在香港，海明威认识了一个传奇人物——英国人莫里斯·科恩。他学识渊博，身体强壮，曾做过孙中山的贴身警卫，后来到广东省的警察厅担任厅长职位。莫里斯热爱中国，在中国生活了很长时间。海明威来到中国后，热情的莫里斯为他提供全天的向导服务，为海明威讲解中国的风土人情，讲他对中国国情、战局的分析，这让海明威对近代中国大致情况有了快速的了解。

海明威对香港的总体印象很好，但也看到了战争的危机。日本人虽然还没有侵占香港，但是已有军队驻扎在香港，在香港横行霸道，气焰嚣张。在军营附近，日军强征慰安妇，抢掠财物，受到侵害的多是一些穷人家庭，他们敢怒而不敢言。

在香港逗留了一个月后，海明威迫切希望到中国的战场上去。莫里斯为他选的第一个目标是韶关。从香港没有到韶关的飞机，只能先绕道广东南阳。3 月 25 日他们出发，飞越重重山峦到南阳后乘坐汽车往韶关走，山路泥泞，汽车连续在路上颠簸了七天才到达。这虽然是一件难熬的苦差事，却也让他们真正接近了中国的大地。战争中的中国内地贫穷而落后，百姓生活艰难，连基本的卫生医疗条件都达不到。穷人买不起衣服和粮食，伤病员也没人管。

韶关是蒋介石领导的国民军第七战区的司令部。海明威似乎和军人有一种天生的亲近感，他们能够很快地建立信任。军官们陪同海明威参观整个战区，接受他的采访。

4 月 4 日海明威夫妇离开韶关，辗转从桂林乘坐运钞票的飞机来到了重庆。

海明威夫妇到重庆后见到了蒋介石和宋美龄夫妇，他们四人进行了三个小时的谈话，精通中英文的宋美龄担任双方翻译的角色。海明威和玛莎对于蒋介石的印象并不好。海明威认为蒋介石只能算是一个军事领导人，而称不上是一个政治家，因为蒋介石考虑问题的落脚点都是在军事上，而没有更加长远的考虑。在海明威和玛莎看来，日本是蒋介石的"皮肤病"，共产党才是蒋介石的"心病"，这种说法很精准。

鉴于国民党方面向海明威夫妇灌输的许多错误思想，歪曲在敌后战场抗战的中国共产党军民，中国共产党方面也在争取海明威夫妇，打算约见他们夫妇二人。4月14日，玛莎正在重庆的一个市场闲逛，在那里她遇见一位金发碧眼的外籍女子，那女子悄悄向她打招呼，问他们夫妇想不想会见周恩来。事后才得知，这个接头人是八路军驻渝办事处干部王炳南的德籍夫人王安娜。回去后，玛莎跟海明威说了这件事。海明威的好友伊文思当时正在中国拍摄一部纪录片，作为国际共产主义者的伊文思与中国交好，通过伊文思海明威早就对周恩来有所耳闻，便答应下来。于是，玛莎按照约定，第二天的时候到市场与王安娜接头，商定了会面的日期。

当时国民党正"消极抗日，积极反共"，很大的精力都在对付共产党，经常会有优秀的共产党员被国民党特务杀害，所以他们行事必须万分小心。第二天，海明威和玛莎按照安排，设法甩掉了跟踪他们的特务，上了一辆黄包车，用车帘盖住车斗跑了一段路之后来到了一个地下室里。周恩来正在地下室里等着他们，周恩来用标准优雅的法语与他们交谈，三人相谈甚欢，玛莎后来回忆说："那是我们第一次也是唯一的一次与一个中国人相处得像家人一样。"

海明威向周恩来讲了一些广州前线的情况，周恩来则在交谈中很郑重地表明自己坚决抗日和坚决反对内战的立场，还向海明威讲述了"皖南事变"的真相。周恩来专门针对何应钦、白崇禧等人歪曲真相的声明写了两份纪要，希望海明威能代为交给美国政府，用以作为美国政府分析判断中国局势的参考。

海明威眼中的周恩来英俊、机智，是一个优秀的外交家。在气氛紧张、特务遍布的重庆能够把工作做得有条不紊，实在是个了不起的人物。"他坐在那间简陋的小屋里，穿着简单朴素的衣服，但他确实是一个重要的人物……如果他是一个典型的中国共产党人的话，那中国的未来一定是属于他们的。"

离开重庆后，他们又来到了成都、昆明等城市，结束了采访任务的他们终于有了闲情逸致去欣赏中国大地上的美景。古老的建筑、清丽的山水、传统的美食给他们即将结束的行程画上了一个美好的句号。

海明威的中国之行历时数月，访华期间他写了《美国对中国的援助》、《中国需要改善空军》、《中国加紧建设机场》等六篇报道，分别发表在 1941 年 6 月 10 日至 18 日的纽约《午报》上。《午报》发表这组报道时，刊载了海明威与主编英格苏尔的谈话纪要，扼要介绍了海明威的访华经过和感想。这个纪要经过海明威本人的修改，成了这组报道的前言。

海明威站在和平、正义的角度，记录下日本法西斯的罪恶，记录了中国军民抗战的艰苦历程，也记录了他对中国人民的友谊。中国很落后，这是事实，但是中国很有前途。这些报道使美国人民了解到真实的中国，使遥远的中国得到了大洋彼岸的友人的关注。海明威回到美国汇报这次采访经历时，曾经预言，中国一定能够取得战争的胜利。后来海明威还曾极力反对美国政府支持蒋介石发动内战。

中国之行不仅是海明威个人引以为荣的事，也是中美文化交流史上值得铭记的一笔。

4. 情报工作

1941 年，法西斯势力越来越嚣张。德国侵占了欧洲大片领土，6 月 22 日德国向苏联宣战，战火向欧洲东部蔓延。1941 年 12 月 7 日，日本人偷袭了美国的珍珠港，美国海军遭到重创。一直对第二次世界大战处于观望状态的美国被迫向日本宣战。同时德国还在各国安插法西斯分子做间谍，从事渗透、破坏和情报工作。由于古巴重要的战略地位，在古巴的法西斯分子尤其活跃，他们大部分来自西班牙和德国，在哈瓦那的西班牙人有将近两万人都是法西斯政党的党徒。他们以此为基地，为那些在大西洋水下偷袭盟国油船、货轮的潜艇提供情报和生活给养。面对法西斯分子的猖獗，1942 年美国政府与古巴商议后决定在哈瓦那成立反间谍组织。

海明威从中国回来后还一心想再加入到反法西斯斗争中，当他听到这个消息时很兴奋。海明威作为在古巴居住的美国人，懂西班牙语，对西班牙熟悉，又是社会名人，不会被怀疑到和反间谍活动有关，所以他申请这个职位很有优势。他向美国驻古巴的大使提交申请，1942 年 5 月海明威被通知到大使馆与美国大使布雷登进行面谈，海明威表现得镇定老练，很轻松地就得到了这项工作。

海明威在政府的指示下开始组建一个秘密的反间谍情报组织，他们需要收集情报、监视隐藏在群众中的法西斯分子们的一举一动，最大的任务就是寻找古巴附近的大西洋海域里的德国潜水艇，发现后报告给上级。他们假装是在海上钓鱼的船只，在北海岸巡逻。根据布雷登的建议将这个非正式的间谍组织命名为

"罪恶之店"，海明威则把它称为"骗子工厂"，自己是"骗子工厂"的师傅。"骗子工厂"没有明确的管理条例也没有严密的组织纪律，他们中只有六个是专业的情报员，其余都是海明威依靠自己的个人影响力团结起来的普通人，其中有渔民、运动员、教父、在酒吧结识的人和一些从西班牙逃难过来的人。他们的主要设备就是海明威的游艇"拜勒"号。他们靠书面或者口头的形式传递情报然后由海明威汇总起来，整理一下，每周一开车到哈瓦那，以秘密的方式交给美国的使臣。

5月份时，干了将近一个月的海明威向上级提交了一份申请，想多申请一些系统装备用来武装"拜勒"号，将游艇用手榴弹、火箭筒、机枪和无线设备改造成了一个简易的猎潜艇。再招募一些训练有素的水手，伪装成美国自然博物馆在各个海域采集海洋生物标本的船。这样万一他们碰到德国的潜水艇，自己也能利用武器进行攻击进而将他们摧毁。在给布雷登的申请书中，海明威又一次发挥了作家的想象力，他描述到：一旦遇到德国的潜艇，哨兵就会发出信号，所有船员都沉住气，尽量让"拜勒"号开得靠近潜艇。等潜艇浮上水面，船员们就走出船舱，将游艇开到全速向潜艇冲过去，轻重武器一起开火，把甲板上的德国士兵全部除掉，然后让训练过的水手迅速地把手榴弹扔进潜水艇里，毁掉敌人的潜艇。后来海明威与布雷登当面讨论了自己的想法，海明威的语言很有说服力，善于游说的他最后让起初并不赞成的布雷登同意了。但是这个决定并不是很明智，那些作战方法只是善于描写战争的海明威在脑子里构思出来的，战场上的事实不可能是这样的。有实战经验的汤普森上校看到这个觉得很好笑，难道他的游艇速度能快过敌人的枪炮吗？德国人的潜艇会那么容易被毁坏？"拜勒"号很有可能会被敌人先发现，然后击沉。海明威显然没有考虑到这些。

布雷登大使批准申请后还给了海明威一笔资金用来完善装备。拿到资金，海明威开始购买设备，也出资聘请真正有才能的人。汤普森从美国的海军陆战队请来了一个名叫唐塞松的军士长，他能蒙上眼睛，在几秒钟内把机枪拆卸下来再重新组装好，技术极其熟练，海明威让唐塞松担任反潜艇上的炮手。海明威还把自己的朋友温斯顿·盖斯特拉到了这个组织，温斯顿·盖斯特是一个优秀的运动员，也是一个百万富翁。他的到来给海明威带来了更多的资金，"拜勒"号的设备和船员们的伙食都改善了不少。

海明威感觉自己就像是一个海军上将，带着自己的船和船员们为国战斗，颇为骄傲。他经常亲自掌舵，在舵盘旁边的支架上经常放着他的大酒壶。海明威的酒量大，即使喝了酒也能平稳地驾着游艇行驶几个小时。他像草原上的猎豹一样，只要在战斗中就永远保持机警。

有一次他们在海面上发现了一艘潜艇，他们按照计划飞速地向前开去，但是他们的行踪被敌人察觉，还没走到枪炮的射程之内，潜艇就又重新回到水面下了。除了这一小段让人激动的片段之外，在海上的日子要比想象中无聊得多，德国的潜艇不是那么容易发现的，他们更多的就是在海上漫无目的的游荡。一个月过去了，工作还是没有丝毫起色。他们失望极了，海明威多次祈祷，希望他们能遇到一艘德国的潜艇，只有这样他们才能证明自己的价值。

海明威急于做出一点成绩，他搜集到的情报经常被他有意识夸大。有一次他提供情报说他知道了德国新型潜艇的供氧与古巴有密切联系，查出漏洞就可以杜绝猖獗的德国潜艇。联邦调查局立刻对古巴的氧气供应和储备都进行了严密的调查，结果什么异常都没有。诸如此类的情况还有很多，别人开始渐渐怀疑海明威所提供情报的真实性，联邦调查局认为海明威的私人情报组织的活动使他们正常的工作受到干扰，要求终止他们的活动，但这一请求没有被批准。

7月中旬的时候，波林的两个儿子来到哈瓦那看望父亲，海明威将他们也带上了船，这时的海明威已经放弃与德军作战的想法了，在海上巡逻的他们更像是在度假。一根根长长的钓竿成为一道风景，酒醉的他们还把手榴弹扔进海里看被炸起的水花，这样的日子持续了很长时间。由于长期在海上，咸湿的海风、强烈的日光让海明威简直像换了个人一样黝黑黝黑，胡子和头发也乱蓬蓬的。有一次，海明威以这样的形象进美国的大使馆竟被门卫拦下了。

玛莎很受不了和这样的海明威一起生活，她从一开始就反对海明威接下这个任务，在她看来海明威现在做的热火朝天的"事业"都是无用功，这只是他从政府那里获取免费汽油的借口。丈夫用这些事替代了自己的文学创作，浪费了很多时间，这让玛莎很心痛。海明威不出海的日子经常招呼一大群朋友到家里喝酒，玛莎需要招待这些人，还要在他们走之后将一片狼藉收拾干净。玛莎绝不是像哈德莉、波林那样一心以丈夫和家庭为重的女人，她不会仰视自己的丈夫，她想从丈夫那里得到同样的尊重。海明威大男子主义的家长作风和顽童一样的习气让玛莎很难忍受。

玛莎决定重操旧业做记者，1943年7月，在距离海明威44岁生日的前几天，玛莎带着自己的行李离开了"瞭望山庄"。玛莎这一走就是好几个月，《柯里尔》报社给她安排了很多工作，她接连去了荷属圭亚那、曼哈顿、苏里南丝林进行采访，还在白宫见到了罗斯福总统。玛莎结束采访任务后回了一次"瞭望山庄"，但是回到家后看到的情况丝毫没有改观，在哈瓦那稍作休整住了一段时间后，玛莎又一次走向了欧洲战场。海明威讽刺说，玛莎其实是在做"家庭采访"，"访问"完就又走了。

人在欧洲的玛莎其实心里一直都关心着自己的丈夫，在她的记忆里海明威高大英俊，是个才华横溢的作家，是一个能在战场上迎着子弹奔跑的勇士，她真心希望自己当年深爱的那个男人能回来。1943年11月6日，玛莎给海明威写信，建议他来伦敦，希望他能离开哈瓦那，改变一种生活方式。玛莎在信的末尾写道："来到伦敦后，我受到了很多人的欢迎。我知道很多人这么做是因为你选择了我，大家都说你是个英雄，赞美之词也分给了我。"玛莎的信鼓励了海明威，使他有了去伦敦的想法。他跟酒馆里的人说等闲下来就到伦敦去。

1944年春，美国连同其他国家将古巴附近大西洋海域的纳粹潜艇全部消灭了，海明威的"拜勒"号没有了目标可寻，于是"骗子工厂"便解散了。

1944年3月，玛莎返回哈瓦那，帮助海明威整理一下物品，再确定一下行程。当时欧洲的战场形势发生变化，为反对德意日法西斯，各国结成同盟国共同抵抗这个人类共同的敌人，同盟国经过艰苦卓绝的斗争已经解放了欧洲很多城市，战争即将进入反攻阶段。玛莎不想让海明威错过这个重要的事件，催促他提早出发。怎料海明威却有了很多不满，盛名之下的海明威脾气也越来越大，想法也偏激。他受不了玛莎对他指手画脚，还帮他安排行程，两人大吵了起来。

不过，海明威还是想去伦敦的，但是他做了一件让人匪夷所思的事。海明威主动联系了玛莎所在的《柯里尔》杂志的主编，要为该杂志供稿。当时很多家报社杂志社都邀请海明威做战地记者，而海明威却偏偏选了玛莎所在的这家，这很明显就是在给玛莎难堪。按照当时美国报业协会规定，每家杂志社只能派一名记者在前线，这样一来，玛莎就没有了报道欧洲战况的资格，只能作为助手陪同海明威到伦敦去。

更让玛莎窝火的事情还在后面，当时由于在战时，出发时间又临近，飞机票很难买到。海明威依靠自己的名望和人脉很顺利地给自己买到了机票，但是他却拒绝帮助玛莎买机票，他的理由是：这架飞机只运送军人。事实上，女演员格特鲁德·劳伦斯就和海明威坐在同一个客舱。玛莎只好无奈地忍受了海明威粗鲁的报复，她最终自己一个人登上了一辆装满炸药的货船横渡大西洋，她是那艘运输船上唯一的乘客，她在船上陪着一堆随时可能爆炸的危险品度过了惊心动魄的两个星期。玛莎独自在船上，认真思考了和海明威的关系。

5. 重返战场

海明威的祖上都是英国人，当海明威还是个孩子的时候就以自己是英国人的后裔而感到骄傲。后来海明威对英国的印象渐渐变得不好了，英国的礼节规矩成了海明威讽刺挖苦的对象，而且英国政府在西班牙内战时期为了自保所采取的绥靖政策也让海明威觉得懦弱和短见，正是英国等国当时对法西斯势力的姑息纵容才酿成了今日的世界大战。

海明威5月17日出发乘坐飞机飞往伦敦。这是海明威第一次来到伦敦，到达机场后，他先到多切斯特旅店落脚，那里住着很多美国记者。多切斯特旅店在战火中依然保存完好，豪华和精致依然如昔，旅店对面的海德公园树木葱郁，鲜花盛开，花的馨香、草的清爽，令人心旷神怡。这里好像是个避乱的仙境一般，使海明威对英国的印象大大改观了。

当时距离盟军发动反攻还有一段时间，记者们还处于比较放松的准备阶段。他们之间经常会有聚会，以酒会友，一起谈论文学，谈论时事，也会一起谈论某个姑娘。海明威的作品也曾销售到英国，他在英国的知名度很高，海明威来英国的消息已有一些报纸刊登出来，他的房间总是最热闹的一个，人员往来不绝，有很多朋友，也包括慕名而来的读者。这么高的受关注程度是海明威始料未及的，不禁心中暗喜。

海明威到得早，当时玛莎还正在大西洋的船上，别人都已经有了女伴，而海明威还没有。有一次海明威在餐厅看到了以前就认识的美国记者欧文·肖，便挤过人群，想和他一起吃饭。欧文·肖与海明威相识于西班牙战场，在战场上同甘共苦，结下了深厚的友谊。欧文当时已经出版了《埋葬死者》一书，得到广泛好评。等到海明威走过去后才发现欧文·肖在和一个女孩子一起吃饭，两人说说笑笑谈得正高兴。海明威看到这种情况正要转身离去的时候，欧文·肖看到了他，忙把他叫住，邀请他在邻座坐下，三人一起用餐。欧文·肖向海明威介绍了他的女伴玛丽·韦尔什，她出生在明尼苏达州，今年 36 岁，在《时代》周刊伦敦分部工作。玛丽生得窈窕漂亮，身量不高却玲珑有致。她气质大方，笑容迷人，海明威看到她的第一眼深深地陷入了玛丽深邃的眼神里。海明威没有丝毫的掩饰，他把对玛丽的喜欢表现得相当明显。欧文·肖也看得出来，他对朋友这样无礼的做法很不满。海明威邀请玛丽能否第二天一起吃饭，玛丽很想结交名人海明威，便愉快地答应了。

　　海明威很容易对漂亮的女孩子一见钟情，他和玛丽两人第一次约会就是他们第二次见面时，海明威就向玛丽求婚了："亲爱的玛丽，我不了解你，你也并不了解我，但是我想与你结婚。"玛丽听了大吃一惊，但是她很快冷静下来。玛丽正在经历自己的第二段失败婚姻，她的丈夫背叛了她，生活的不幸让她不想再次考虑婚姻，海明威的做法让她觉得有些荒唐。而海明威正在他的第三次婚姻之中，而且他的妻子正在往这边赶来，在这样的情况下海明威的求婚显得太过急躁、鲁莽。但这就是海明威雷厉风行的爽快性格。

　　海明威的求婚没有成功，玛丽也好几天没有见海明威，思念之苦让海明威寝食难安，他一遍遍地在打字机里把玛丽的名字打印出来。为了缓解这种痛苦海明威找医院里的彼得·戈雷医生打拳击，他们两人之前已经和一帮朋友在聚会上喝了很多酒，都有些飘飘然，他们趁着酒劲打起来很凶猛，疯狂地打着、喊着，释放自己的压力。等他们两人都累得没有一点力气时已经凌晨三点多了，戈雷医生提出要把海明威送到多切斯特旅店，想到这个点儿不会再有出租车，酒店离得又很远，海明威就没有拒绝。也许是戈雷喝酒太多，也许是他打拳太累，上车后他的手脚就开始不听使唤，又恰逢那晚街道上灯火管制，路上一片漆黑，只能用车灯照出一条小道。戈雷把车开得歪歪扭扭，只开出半英里就一下子撞在路边的护栏上。海明威的头猛地磕在挡风玻璃上，被破了的玻璃划出很深的口子，鲜血一下子就流了出来，那只受过伤的膝盖撞到了车的前部，疼得海明威抱着膝盖直咧嘴。戈雷惊得一下子酒就醒了，叫来人，大家一起把海明威送到附近的圣乔治医院。戈雷身上只是擦破一点皮，坐在副驾驶位置上的海明威伤得很严重，头上有好几处很深的伤口，医生花了两个小时为他缝了

57 针才完成手术，更严重的是海明威有一些脑震荡，医生建议他在头上的伤口好些后就做开颅手术，以清除脑内瘀血。以前在巴黎被天窗上的玻璃砸过时就有一些轻微的脑震荡，这已经是他第二次头部受伤了。

海明威被推出手术室的时候头上裹得都是白色的绷带，头部的外伤内伤让他持续头痛。不过因祸得福，好久没有联系他的玛丽也来到医院看他了。玛丽看到他心里身体上都饱受痛苦，自己也很难过，她劝海明威好好照顾自己，不要再这么不小心了。海明威当然很高兴，他请求玛丽能经常来看他，玛丽答应了。

这时，玛莎经过两个星期的旅程终于到达伦敦，她在炸药船上受了两个星期的罪，一下船就听到了丈夫受伤的消息。当她知道海明威是因为喝了酒之后才受伤的，由担心变成了气愤，玛莎早就跟他说过不要让他喝那么多酒，现在在战争时期还这么没有节制，喝得烂醉又闹出交通事故来。玛莎满心不快，当她到医院看到包得像木乃伊一样的海明威时，忍不住哈哈大笑起来。躺在病床上的海明威本以为玛莎见到自己这样会安慰一下，没想到她竟然这么明显地当面嘲笑，顿时大声嚷骂起来。玛莎一听也来了气，两人还没说上话就又吵了起来。玛莎在船上的时候就已经想过和海明威的关系应该怎么办，现在她下定决心，对海明威说他们之间的婚姻就到此为止。说完，玛莎就摔门出去，只剩海明威自己留在病房里生闷气。

盟军计划从英国出发，穿过英吉利海峡在法国诺曼底登陆，给德国法西斯分子两面夹击，从而开辟第二战场，与法西斯作战。这个计划被称为"D 日计划"。海明威得到"D 日计划"将定在 6 月 6 日的消息，不顾医生的劝阻，坚持要求出院，他不想让自己错过这个历史性的事件。海明威 5 月 19 日从圣乔治医院回到了多切斯特旅店，找到负责"D日计划"的长官报了名。他领到了一套战地记者的蓝色制服，衣服的肩章上有明显的"记者"的字样，还领到一个多用的安全箱，里面有一些紧急救生用品。

海明威和上百名记者被提前三天送到英国的南海岸，战役开始后他们就从这里乘上军舰前往法国海岸。6月5日晚，海明威拖着伤腿一瘸一拐地走上军舰，天空中飘着蒙蒙细雨，呼吸间都是雨的味道和紧张的气氛。6月6日，无数登陆舰载着盟军的士兵将领向法国诺曼底驶去，所有人期待已久的反攻终于开始了。海明威所在军舰是一个爱尔兰籍的司令员里希负责指挥的，他严肃认真，严格执行着上级的指令，不管记者们怎样要求，里希都没有答应他们让他们登陆，所有的记者只有在整个战斗结束后才能到达法国海岸，一旦任务失败，记者们要第一批撤回。所以一直渴望亲临现场的海明威只能通过一个望远镜来观察远处盟军士兵的进攻。

诺曼底登陆是整个战斗的第一场战役，德军的防守很严，火力也很足，密集的枪炮让进攻十分艰难，军舰上不断有士兵受伤或阵亡。而且德军在海里布置了很多水雷，很多军舰在还没有接近海岸线的时候就被敌人的水雷炸沉，盟军一共尝试了六次进攻才突破了德军的防守。盟军上岸后枪炮声、喊杀声更大了，虽然这些声音通过海面传到海明威的耳朵里已经变得低沉，但一样能够撼人心魄。德军在海滩上建起的军事碉堡、火药库、防御设施以及德军的坦克、车辆接连被炸毁，一时间火光冲天，在火光中可以看到在海滩上躺着的数不清的士兵的尸体和正在挣扎的受伤的人。

在诺曼底登陆的战役结束后，记者们终于踏上了满是血污的诺曼底，之后，里希带着他们返回伦敦，他们需要一个半月之后才能跟随部队再次到作战前线去。玛莎则自己想了办法，她曾经学过一点护理知识，随着救援队一起到了法国境内。回到伦敦的海明威一边写报道发回国内，一边在继续追求玛丽。期间玛莎回来过一次，整理了自己去意大利战场的东西，她也第一次见到了玛丽。她当然知道这是怎么回事，她没有跟海明威说什么，很快离开了。

6月下旬开始，在法国境内驻扎的德军开始向英国方向发射一种型号为"V－I"的飞弹，也叫"V－I"型火箭，每个飞弹能够携带多达一吨重的弹头，爆炸力极强，炸弹飞行时发出嗡嗡声，因此还得名"嗡嗡弹"。飞弹的射程相当长，可以从法国境内发射到英国沿海甚至伦敦，对英国形成很大的威胁。海明威开始忙于查找关于"V－I"飞弹的资料，他还注意搜集盟军飞行员出去轰炸火箭发射基地的资料。

海明威后来成为英国皇家空军的特约战地记者，还跟随皇家空军第98中队的飞机参加轰炸敌军发射基地的行动。有一次行动，他们一行共十二架飞机，选择在一个天气晴好，能见度高的好天气里出发，海明威坐在副驾驶的位置，后舱还有一个投弹手。当他们飞到基地上空向下俯冲的时候被敌人发现，敌军用密集的高射炮不停地向他们的飞机开火。飞行员沉着冷静地开着飞机，躲闪开像雨点般飞来的子弹。这时，那名投弹手迅速地打开舱板，将带来的炸弹向敌人扔去。海明威在自己的飞机中看到了同队飞机扔炸弹的情景，一个个粗大的炸弹被抛出舱外，海明威觉得那情景就像一只大猫生下了八只胖乎乎的小铁锚一样。投弹结束的飞机立刻向上开，飞离高射炮的射程，返航回去。海明威觉得很不过瘾，他一再要求飞行员飞回去看看敌军的发射基地被炸毁的样子，但是被飞行员坚定地拒绝了，自从英国皇家空军接到这项任务后先后已经有 41 架飞机被德军击毁，刚开始飞行的海明威还不知道其中的危险，只是兴奋得大喊真刺激。海明威似乎总是很幸运，之后他又跟随飞机参与了大概二十几次的任务，都能够安全返回。第 98 中队的巴奈队长是海明威的崇拜者，他知道海明威很喜欢在飞机上执行任务，所以他有时会叫上海明威和他一起执行任务。有一次他们两个一起出航，在返回途中，他们发现了好几个正在向英国方向飞来的"V－I"飞弹，那些飞弹比飞机的速度还要快一些，他们赶紧对导弹进行拦截并击毁。海明威看到被自己击中的一个个导弹在空中爆炸，燃起大火的时候心里激动极了。回到住所已经很晚了，但是海明威顾不上睡觉，连夜写了一篇稿子出来。

7 月 18 日，海明威来到了诺曼底前线。他首先来到乔治·巴顿将军的装甲师去采访，在这里他采访到了赫赫有名的巴顿将军，他是这次"D 日计划"的主要指挥者之一，是一个有勇有谋的难得的人才。之后，海明威一直跟着第四师的士兵一起冲锋陷阵，结交了一位好友——第 22 团的团长拉纳姆上校。他是个年轻有才的人，比海明威小三岁，毕业于西点军校。后来他因有才能而被重用，提升为将军，并成为盟军总司令艾森豪威尔在远征军最高统帅部的主要发言人。第 22 团是一个英雄团，战斗打响后，他们总是在第一线战斗，没有休息过，激战 20 多天后，全团 3000 人只剩下了 500 人。

硬汉一样的海明威又一次遭遇到了不幸。他乘坐别人的摩托车前往一个指挥所采访，怎料由于紧急刹车，海明威被巨大的惯性甩进了路边的沟里，正好磕到了头，背部也被一块石头撞到。这次事故撞坏了他一个肾，更严重的是，头部的撞击又一次导致了脑震荡。加上上次脑震荡时处理不彻底，这次的情况尤其严重。海明威一连几个月状况都不太好，说话出现口吃，经常头痛还出现耳鸣。海明威这次在医院还是没有休息多长时间就又出院了，因为他总是很忙碌，不仅要写报道，还主动帮助士兵们写家书。

出院后的海明威立即投入到解放巴黎的准备工作中去。海明威曾经在巴黎生活过好几年的时间，那是带他从困窘走向成功的梦想之地，回望过去，一定是感慨颇多，对于解放巴黎他愿意贡献最大的力量。

8月20日，海明威离开第四师，自己秘密招募了一批由各色人员组成的地下游击队员，以距离巴黎30英里的小镇郎布依为据点展开侦察活动。也许是天赋，也许是海明威在战场上的耳濡目染，海明威做起这件事得心应手，有条不紊，他将这些人安排得很好，海明威是一个很优秀的军事领导者。他领导的游击队深入到巴黎的每个角落，他们中有人扮成乞丐，有人扮成教父，四处搜集情报，海明威则把关于德军火力部署、物资储备、士兵、弹药数目等情报做了认真的整理交到盟军的指挥部勒克莱尔将军手里。他曾经率领他手下的游击队员追踪德国溃逃的部队，还抓回几个战俘，海明威亲自审问，也得到了不少情报。海明威很受游击队员的爱戴，队员们对他绝对服从、忠心耿耿，年纪小的游击队员都管他叫"大伯"或者"爸爸"，海明威也喜欢这样的称呼。后来"爸爸"这个称呼被他的朋友知道，他们也开始像这样称呼海明威。

巴黎已经被德军占领达四年之久，巴黎的人民都深受其害。勒克莱尔利用海明威提供的资料很快摸清了德军的底细，将自己的进攻计划稳步推进。解放巴黎的战役开始后，盟军由于情报工作做得好，很多地方都没有遇到什么阻碍就通过了，很快就进入到巴黎市区，与敌人展开巷战。海明威也率领他的游击队参与战争，毫不含糊。后来勒克莱尔跟法国总统戴高乐说，由于海明威的贡献，他们的作战时间缩短了大半，也拯救了千百个士兵的生命。

巴黎解放后，海明威和他的游击队跟随着大部队一起进城，他们受到市民们热烈的欢迎，街道两侧的居民都将自家的法国国旗拿出来插上，"法兰西万岁"的声音震耳欲聋。人们向他们的吉普车里扔鲜花和水果，海明威被视为英雄，他的游击队员们跟别人说着他的英勇善战，料事如神。街头巷尾都流传着海明威的英勇事迹，在口耳相传中海明威变得越来越神，海明威创造了一个神话，一个别人都将他奉若神明的神话。

已经45岁的海明威再次走上巴黎街头，想着几十年来这座城的变迁，想着自己几十年来的沧桑，面对这个曾经带给他希望、痛苦、幸福的城市，感慨颇多。他走访了几个老朋友，其中就有西尔维娅·比奇，她的"莎士比亚之友"还在街头开着，西尔维娅见到老朋友很高兴，还拿出当年海明威签过字送给她的《胜利者一无所获》给海明威看。海明威在书的签名上又加了当天的日期：1944年8月25日。玛丽·韦尔什也从英国来到了巴黎，长时间分离的他们一直以来只能依靠写信来联系，现在他们终于能在一起，漫步街头欣赏巴黎的夜景，海明威关于巴黎的记忆里又多了一份甜蜜。

按照当时的规定，战地记者不能直接参加战争，更不能携带武器，深入战争的海明威总是能获得独家新闻，同行的记者们对此很不满，海明威的做法受到了调查。海明威在第三军监察总部的听证会上极力为自己辩解，面对别人提出的证词一一批驳，还找了两个军队里的朋友为他作证，证明自己没有拿枪和参与打仗。最后巴顿将军出面干预了此事，海明威终于摆脱了调查。

1945 年 3 月，海明威到医院看望了得了流感卧床休息的玛莎，两人没有像以往那样争吵。海明威同意了玛莎提出的离婚要求，并且说会保证玛莎的利益。之后海明威乘坐一架轰炸机回到了伦敦。

海明威身上又增添了几处新的伤疤，他把这些看作男人的勋章和荣耀。他在第二次世界大战中的历险结束了，美国政府为海明威颁发了一枚青铜星奖章，奖励他做出的杰出贡献。

第七章　壮士暮年

1. 迎娶玛丽

1945 年春天，海明威告别战场回到了哈瓦那郊区，他花了很多时间和金钱来修整"瞭望山庄"，由于长时间的离开，"瞭望山庄"无人看管又遭受风暴的袭击，已经变得破败不堪，花木倒是茂盛不少。他请了很多人来和他一起修葺房子，整理花园。

战争带给海明威无限激情，他很想创作一部关于战争题材的作品，从回到哈瓦那就开始构思，然而战争带给他的伤痛让他不得不搁笔休养。多次的脑震荡让海明威时时头痛，连夜的噩梦让他难以忍受，更为严重的是这已经影响到了他的记忆力，海明威回到古巴后就接受了系统的脑力恢复训练，效果很好。生病后的海明威终于知道了健康的重要性，于是他每天坚持锻炼，除了钓鱼外还会去游泳健身。在花匠工人为他修整花园时，海明威也跟着学习，后来他竟然对园艺也产生了浓厚的兴趣。他每天花很长的时间在园中干农活，一方面是为了休养身心，一方面是为了培养自己的兴趣爱好。海明威对于花木的修剪、培植技术都掌握得很快，有一次一个崇拜者拿着他的书来请海明威签名，海明威很自然地在落款上写了"作家兼农艺家——欧内斯特·米勒尔·海明威"，他对自己的园艺手艺还是很满意的。海明威想通过自己的手，打造出漂亮的花园来迎接玛丽的到来。

和玛丽分别的时间越来越长，海明威对她的思念也越来越浓烈。刚到哈瓦那的时候海明威并没有感到太孤独，他和波林的两个儿子帕特里克和格里高利都在这里，父子三人一起在花园干活，一起钓鱼、游泳，可是假期一过，他们就都回到波林那里上学去了。一个大庄园里只剩下了他一个人，虽然海明威这次回来雇了两个保姆、一个中国厨师和两个花匠，但是依然无法排解自己心中的空虚，对玛丽的思念让他日夜难眠。1945年3月13日的时候，玛丽回到了纽约，她在那里给海明威打了个长途电话，告诉海明威自己一时还去不了古巴找他，因为她还有很多事情要处理。首先，她需要到明尼苏达向自己的父母解释自己的婚变，让他们接受海明威；还要到芝加哥和自己的丈夫蒙克斯商议离婚的各项事宜。接到电话的海明威很高兴，想到玛丽很快就能过来并且成为自己的妻子，十分激动。

5月2日，海明威朝思暮想的玛丽终于来到了哈瓦那，海明威亲自开车，满面春风地到机场接她。玛丽·韦尔什比海明威小了9岁，已经有了两次婚姻经历。1929年，玛丽在大学之后和她的大学同学劳伦斯·库克结婚，度过两年的婚姻生活后离婚。之后她又遇到澳大利亚籍的记者蒙克斯，两人坠入爱河，但这次婚姻由于蒙克斯的背叛而破裂。玛丽的家境并不富裕，兄弟姐妹很多，一家人要靠做伐木工人的父亲来养活。父亲在活少的时候会到密西西比河上开船，懂事的玛丽每逢暑假就会到船上帮父亲干活。玛丽在学校学习很用功，大学毕业后当了记者。命运之神最终安排她来到了海明威的身边。由于玛丽的到来，海明威之前的焦虑都消失了，身体状况也比两个月前好很多，他喜气洋洋地带着玛丽参观"瞭望山庄"，玛丽即将成为这里的女主人。

玛丽的适应能力和学习能力都很强，她很快就学会了基本的西班牙语，能够和当地人进行简单的对话。而且她小时候在父亲的船上练就出的本领在这儿也派上了用场。海明威驾着游艇"拜勒"号带玛丽到海上观光、打鱼，玛丽就是他最好的帮手。海明威和玛丽共同的兴趣爱好让他们在一起享受到无与伦比的快乐。这段时间里，"瞭望山庄"还有一个好消息，那就是海明威的大儿子约翰回来了。约翰19岁时就报名参军了，参加过很多场战役。但是在一次执行任务时空降到敌后而被敌军发现，六个月以来一直被关在敌营里，什么都吃不上，身体极度虚弱。回到父亲身边后，有玛丽悉心照顾，为他做好吃的补充营养，恢复得很快。约翰还是和以前一样高兴爱笑，心理倒是没有受到什么影响。海明威很为自己的儿子感到骄傲，当年约翰当兵出发去战场的时候，海明威曾为他送行，现在他还是到处跟自己的朋友炫耀自己当兵的儿子，说约翰肩膀上的伤能够塞得下一个拳头。

1945年6月20日，玛丽要离开哈瓦那到芝加哥去，她和丈夫的双方律师将离婚事宜终于办理清楚，她这次就是去办理最终的离婚手续。那天一早，海明威开车送玛丽去机场，天空下着细雨，路面很滑仿佛被涂了一层蜡一样，公路附近的山坡上有一辆卡车正在运送泥土，雨水把泥土冲到公路上使路面更滑了。海明威非要逞能，让司机坐在后座，自己开车。尽管他开得很小心但是车轮还是滑了一下，在湿滑的路上刹车根本起不上作用，他们的车一下子歪到路旁的土沟里，车头猛地撞到土沟正中间的一棵大树上。海明威的额头砸在后视镜上，方向盘将他的四根肋骨全部折断，玛丽的脸上则被划出一道很深的伤口，血流得满脸都是。海明威吓坏了，不顾自己的伤痛，抱着玛丽跑向医院。幸好医生医术高明，也幸好海明威赶送得及时，玛丽脸上没有留下永久性的伤疤，玛丽在之后回忆起海明威当时为自己所做的事情十分感动。不过，最应该担心的是海明威的身体状况，这已经是海明威十三个月内发生的第三次车祸了，玛丽放心不下，决定留下来照顾他。这次车祸使得玛丽离婚的日期大大向后推迟了，直到八月份才再次前往芝加哥。

在玛丽回芝加哥的那段时间内，海明威的好友，在战场上结识的拉纳姆带着他的妻子佩蒂来到哈瓦那拜访海明威。拉纳姆和海明威两人相互欣赏，经常在公开场合互相赞扬对方，从战场上结交的友谊一直保持了很长时间。拉纳姆是个能力很强的人，来哈瓦那时他已经是一名年轻有为的将军。

海明威把他们的生活安排得很丰富：白天驾着"拜勒"号在海上兜风或者钓鱼，或者去看哈瓦那城里举行的拳击比赛，这也都是他们的共同爱好。晚上他们会一起去酒吧喝酒跳舞，到当地特色餐馆品尝美食。海明威面对拉纳姆能够打开心扉，畅所欲言，他们天南海北地聊：对第二次世界大战的回忆、对当时政局官员的不满、对文坛新作的看法等。海明威也在他面前直言自己的婚姻生活。海明威写过一本名叫《没有女人的男人》的书，但是他自己身边却总是有女人相伴。他先后经历了三次婚姻变故，现在又在准备第四次婚姻。海明威告诉拉纳姆，自己最对不起的是哈德莉，最怀念的也是她，当时虽然与哈德莉有过矛盾，但也有自己的原因，波林丰厚的财力对他有着深深地吸引，当时确实需要改善自己的生活，并且让自己从心理上肯定自己。虽然前几次的婚姻变故给他带来很多痛苦，但是现在的他感到很幸福，他一直在寻找的女人终于出现了，那就是玛丽。玛丽几乎综合了前几任妻子所有的优点，还特别能够容忍海明威的坏脾气，在海明威身体不好时能够像支柱一样出现在他的身边，替他完成很多事情，所以海明威最爱玛丽，也最珍惜她。

玛丽的离婚手续在9月初就顺利办完了，三个月后，海明威和玛莎于1945年12月21日正式离婚。当时正临近圣诞节，海明威打算把这当作迎接新生的起点，"在告别旧时代之后开辟一个新时代"，此后潜心写作，把战争带给自己的灵感和思考都写下来。海明威忘不掉战争，也不希望自己忘掉战争，他想一心一意用写作丰富自己的生命。这期间，他以前的两篇小说《杀人者》、《弗朗西斯·麦康伯短暂的幸福生活》被改编成了电影剧本，它们给海明威带来了10万美元的收入。但是海明威现在回过头来看自己曾经的作品，他认为这两篇小说写得并不算十分成功，现在，他最希望的是自己能写出一部优秀的关于战争的长篇作品。

1946年3月14日，海明威在哈瓦那迎娶了他的第四位妻子玛丽。两个人都是经历多次婚姻才找到彼此的，他们更能理解婚姻的本质，对于婚礼这种形式并不在意，因此他们置办了一场简朴的婚礼，仅仅是在一间老式的律师办公室进行的。律师向他们解释了相关文件，然后两人签字确认，之后签署正式的婚姻契约、宣誓。一切事情办完了，海明威带着玛丽一起来到饭店吃午饭。

玛丽对海明威充满崇拜和敬意，很少违背海明威的意志。为了海明威她甘愿放弃自己在欧洲的记者工作来到哈瓦那，做一个全职太太。她能忍受海明威粗暴的脾气，也能耐心倾听他在失眠时痛苦的呻吟。玛丽让海明威又一次感受到了女人的温柔和家庭的温暖。

在婚礼过后，海明威开始努力进入创作状态，这是他选择的在战后恢复元气的一种疗养方式。但是这时的写作并不像以前那样容易，身体上的病痛很容易引起心理上的暴躁，心理上的暴躁便成为精神上的病毒，这严重影响了他的创作，海明威也为自己渐渐衰竭的创作力而惊心。他说每一个作家都像一口井，各式各样的井就对应着各式各样的作家。一口井需要有好水，打水时也不能一下子把水抽干，要留有余地让水时时都有，可是他现在需要慢慢地等着"水"回来。

1946 年初，海明威开始动手写一部小说《伊甸园》，他想把自己以往的经历和现在的生活都糅合在一起，体现在作品中，主题在于表达男女之间角色感的迷茫。海明威打算将这个小说写成一个大部头的作品，到 7 月中旬的时候就写完了初稿，多达 1000多页，但这与他开始时的设想还差很远。小说的主人公名叫戴维，是一个婚姻和写作事业都刚刚开始的年轻作家，他和新婚妻子凯瑟琳一起从巴黎到法国南部地中海海滨度蜜月，戴维很想在度假期间写出一些作品，但凯瑟琳只想过行乐的生活。凯瑟琳学着邻居芭芭拉和尼克那样，将自己的发型剪短成和戴维一样的，在他们遇到玛丽塔之后还怂恿丈夫与玛丽塔相爱，三人开始陷入一种奇特的关系中。玛丽塔对戴维的写作全力支持，两人的感情越来越深，凯瑟琳渐渐地在这段感情中处于劣势，她心生嫉妒将戴维的书稿全部付之一炬，然后一走了之。戴维在玛丽塔的劝抚下继续写作，最终将原来最喜欢的一篇作品重新写出。戴维从低谷走出，得到了自己真正的爱情，自己仿佛又回到"伊甸园"之中。这本书是在海明威作品中很少见的一部青春文学，尽管当时他的身体和写作状态并不是很好，但是他在作品中依然能焕发出青春气息和生命力。

《伊甸园》不论是在主题上还是在写法上都和以前的作品有很大的不同，海明威写完这部作品后并没有立即发表，他在50年代的时候对这本书又进行了一次修订，又重写和补写了很多部分。但是《伊甸园》在海明威的有生之年并没有能面世，在他逝世很长一段时间后，玛丽和出版社的编辑对这篇作品进行了多次修改，在1985年才正式出版。

虽然这本书没有出版，但是给了海明威很大的信心，让他恢复了文学的梦想，愿意再大干一场。他终于使自己的生活恢复到之前的轨道，读书、写作、钓鱼、和朋友聚会喝酒。当然，他每天的工作量和以前相比已经减少了很多。海明威坚持锻炼，克制自己喝酒的欲望。他曾经到爱达荷州的太阳谷休养了一段时间，那里环境更好，玛丽没有同行，她在"瞭望山庄"里设计了一个三层高的塔楼，要留在家里负责监督施工。塔楼的二层是为海明威设计的书房，站在塔楼的三层就可以看到不远处的蓝色大海和哈瓦那的风光。在塔底则聚集着很多猫，因为一个心理学家建议海明威在家中养一只猫，猫和小鸟比起来是一种很温和的动物，它们不像小鸟一样机警、爱跳、易惊，猫能够以一种优游的姿态在太阳底下晒太阳，半天也不动，整日里懒洋洋的，所以看猫能使人的大脑得到休息，减轻心里的烦躁。因此，玛丽为海明威在"瞭望山庄"里养了很多的猫。

7月份时，玛丽告诉海明威自己怀孕了，海明威一直希望自己能有一个女儿，听到这个消息他十分高兴。可造化弄人，这个希望最终还是没能实现。1946年8月19日，在旅途中的海明威和玛丽选择怀俄明州的一个旅店里落脚休息，但玛丽在睡梦中被剧烈的疼痛唤醒。后来才得知，原来玛丽是宫外孕，当晚输卵管破裂，情况十分危险。海明威马上把她送到附近的一所小医院里，但是当时医院的医生正在别处度假，医院里只有一个刚毕业的实习医生当值。玛丽忍受了很长时间的痛苦依然得不到及时的治疗，实习医生想给她输血却在慌乱中无法准确地将血输进静脉里。玛丽由于大量的内出血，很快就昏迷过去，脉搏也在渐渐消失。一直在外面等待的海明威焦急万分，他曾经两次经历过波林的难产，曾经在《永别了，武器》中描写过亨利告别亡妻的场景，这都是他不愿意经历的。当实习医生摘下手套让他对妻子告别的时候，海明威拒绝了。"与其等待命运的宣判，还不如向它挑战"。他穿上实习医生的工作服，戴上帽子，进入手术间。海明威让实习医生在一旁指导，他用手术刀割开了玛丽的血管，终于在紧急关头为玛丽输上了血。玛丽慢慢地恢复了脉搏，呼吸也不再那么局促，她成功地被海明威从死亡线上拉了回来。海明威的果断和勇气确实让人很钦佩。

玛丽被隔离到无菌病房休养了一个星期，一个星期内海明威都寸步不离地照顾她，也没有喝酒，就连暴躁易怒的脾气也收敛了很多，表现出少有的耐心和温柔。玛丽经历了一次死亡，海明威在这时鼓励她，用乐观的情绪感染她，玛丽的心里对海明威有说不出的感激，她为这种爱感到幸运和感动。两人像劫后余生那样激动，体会到人世间的祸福无常，更加珍惜眼前的幸福。可是玛丽和海明威心里面还是有很大的遗憾，只是大家都没有说出口，那就是为了保障玛丽的生命安全，主治医生回来后为玛丽做了节育手术。这就意味着两人再也不可能有共同孕育的孩子了，玛丽是家中的独生女，结过两次婚都没有生养子女，在她最想做母亲的时候却遭遇了这样的事。这对海明威的打击也不小，虽然他没有表现出什么，心里还是很难过的。

9 月初，玛丽的身体恢复好了，他们便出发西行去往太阳谷。那里空气清新，环境宜人，海明威是第二次到这里来了。他们在这里休闲打猎，每天都能有不少小型的猎物，如山鸡、野兔等。11 月份的时候他们驾车离开这里，到纽约去，途经新奥尔良，海明威在那里第一次见到了玛丽的父母。海明威后来在纽约还见到了拉纳姆，拉纳姆的仕途一直走得顺风顺水，那时已经担任国防部情报教育处处长。

1946 年对于海明威来说最大的喜事就是迎娶了玛丽，这也是他一生中的重大收获。在之后的各种机会和场合中，海明威都毫不掩饰对玛丽的赞美和爱，他几乎用上了世上所有美好的词汇来形容玛丽，在他的眼中"玛丽小姐年轻迷人，还十分机智勇敢，看到她就让人感到快乐。她不仅是一个好妻子，也是一个出色的渔夫，一个不错的射击手，一个真正的好厨师，一个厉害的游泳健将……"他们之间的感情一直很好，直到海明威离世。

2. 多事之秋

1947 年海明威一直住在古巴的哈瓦那，他渐渐习惯了平静如水的生活，对于自己的创作不再像以前那样苛求，这减少了他暴躁不安的情绪。春天里，两个小儿子都住在"瞭望山庄"，海明威成了一个全职父亲，为他们做饭、帮玛丽料理家务。自己居然也会喜欢上这样的生活方式，这让海明威也很诧异。

但这一年是多事之秋，海明威在这一年里经历了很多的事情，称得上是多灾多难。两个儿子打算回基韦斯特看望母亲波林，不料兄弟俩在驾车前去的途中遇到了车祸，行程就此中断，两人被送回到海明威那里。格里高利撞伤了膝盖，流了很多血，海明威心疼得不行。帕特里克被撞到了头，从表面上看只是受了一点轻伤，所有人都没有在意，可是后来帕特里克就大病了一场，帕特里克一直说头疼，后来还发起了高烧，感觉头晕目眩的，到最后他竟然神志不清，大喊大叫。海明威自己饱受脑震荡的痛苦，特别担心儿子也会和自己一样，急忙请专家医生来诊治。事实上帕特里克的病症比海明威的更为严重，他是由于脑部受损引起精神分裂。玛丽照顾帕特里克的饮食吃药，海明威则一连三个月，每天都坐在床头鼓励儿子，让儿子在心理上渡过难关，表现出一个父亲的拳拳爱子之情。

当帕特里克正需要人照料的时候，玛丽又得到消息说她的父亲被查出患有癌症，让她马上赶回芝加哥去看老人。玛丽走得匆忙，家里的事情还没有交代清楚，海明威急得团团转，不知道该怎么办才好。后来他把家里雇佣的人召集过来，让他们帮着自己轮流照顾帕特里克。海明威打电话给波林让她过来帮忙照顾儿子，得到消息的波林连夜从基韦斯特赶到"瞭望山庄"。5月份，玛丽回到哈瓦那，第一次见到了海明威的第二任妻子波林，出乎海明威意料的是两人竟然一见如故，相谈甚欢。她们一起挖苦海明威，拿他开玩笑，还相互交流对付海明威的办法，海明威看到这一幕心里很高兴，越到晚年越能感受到真情的温暖。在大家齐心照料下，帕特里克经过几个月的心理治疗，包括电震疗法，他的身体和心理状况也一点一点好起来，到8月份基本完全恢复了。

不过这期间还发生了一件让海明威很气愤的事情。由于长期照顾病榻上的儿子，海明威家里订的报纸攒了很多都没有看。一个偶然的机会，他在吃饭时随便拿出来一张报纸翻着看看，结果看到了一篇报道，大意是这样的：美国著名作家福克纳，即现代名著《喧哗与骚动》的作者，在密西西比大学发表言论，称海明威是一个"胆小鬼"，又说如果对美国当代文学家进行排名，海明威排在最后。海明威一向以"硬汉"、"勇者"的姿态出现，怎能受得了这样的评论。他当即就剪下那张报纸寄给好友拉纳姆，让他给自己证明他曾经在枪林弹雨中的英勇事迹。拉纳姆收到海明威的信后很郑重地给福克纳写了一封信，列举出海明威的种种事迹，拉纳姆说："海明威是我见过的最英勇无畏的人，不仅战场上的他是这样的，平日里生活中也是勇于冒险的。"

福克纳接到拉纳姆的信件后哭笑不得，那张报纸上的报道本身就是有违事实的，报纸上的转述已经扭曲了福克纳的原意。事情原本是这样的：福克纳接受密西西比大学英语文学系的邀请做演讲，结束后，一个学生提出这样的问题——"你认为哪五个人是美国当代最优秀的作家"，福克纳在回答这个问题时说出了五个人的名字并且简单做了一个排名，福克纳将海明威排在第四位，在他之前的有托马斯·沃尔夫、威廉·福克纳本人、多斯·帕索斯，排在第五名的是斯坦贝克。对于将海明威排在第四名的原因，福克纳说是因为他缺乏勇气，"海明威从来没有伸出一条腿爬出来过，从来没有用过一个让读者不得不查过字典才理解的字眼"，意思是说他在文字上的尝试不够大胆。福克纳对海明威当然是赞赏的，不然也不会将他置于排名前五的作家之列，但是报纸报道的表述确实容易让人产生误解。他回信给拉纳姆解释说，他所说的没有勇气意在指创作上缺乏实验精神，而不是现实生活中所表现出的不勇敢。福克纳专门给海明威写了一封致歉信，在信中他说："对不起，我干了件蠢事，我不该为了那二百五十美元的讲课费而发表这样的言论。我向来认为祸从口出，自己对这方面也是比较注意，但是没想到还是引出了这样的误会。我会把这件事情当作自己的教训，希望这件事没有给你带来太多的困扰。"

海明威接到福克纳的致歉信之后，心情马上雨过天晴，像个孩子一样。他很有礼节地给福克纳写了回信，表达了自己的大度，不会将这些放在心上，在信中他说了自己对这个排名的意见，觉得福克纳对于托马斯·沃尔夫和多斯·帕索斯的评价过高。海明威还肯定了福克纳的写作才华，认为他能够和世界一流的大师相比肩。

之后，海明威受邀在哈瓦那的美国大使馆里参加了一个小型的授奖仪式，在这个仪式上他被授予了一枚铜质星字勋章和荣誉证书。荣誉证书上写着"在 1944 年 7 月到 12 月之间，海明威作为战地记者在欧洲战场上为同盟国做出了卓越的贡献。他不顾念个人安危，在战火猛烈的战场上进行采访，获得第一手的资料，使大洋彼岸的美国人能了解战争。还主动为盟军提供情报，为战争的胜利做出不可磨灭的贡献。"巴顿将军曾说海明威的贡献完全可以拿到一个十字勋章，海明威也对此深信不疑，但是这次政府只给他颁发了一个星字勋章。不过海明威接到这个奖还是感到无限荣耀。

福祸总是相伴而来。海明威接受完勋章还没回到哈瓦那就接到了一个让他震惊的噩耗：马克斯韦尔·博金斯由于心脏病突发在当天凌晨五点的时候与世长辞了。博金斯是他的合作伙伴兼好友，多年来博金斯总是能够在他需要的时候给予帮助，对于海明威的作品博金斯总是很珍视，两个人之间建立了很深的信任，不管海明威处于高峰还是陷于低谷，博金斯总是他心里的后盾。作为长者的博金斯总是以自己的正义感和责任心影响着海明威，帮助他完成人生路上的几次重大转折。所以，博金斯的死对海明威的打击很大。不久，海明威接到了由博金斯家人寄来的信，这是博金斯在逝世前写的，还没有来得及寄给海明威。在信中博金斯还在和海明威探讨他的下一部作品，信中充满了博金斯对他的期待和信心，还有一句让海明威痛哭流涕的话："你是我唯一的朋友！"海明威帮助他的家人料理了后事，为博金斯写了一篇感人肺腑的追悼文。

接下来，传入海明威耳中的不幸消息还有很多：西班牙内战时的合作伙伴多斯·帕索斯与凯蒂发生意外，在车祸现场当场死亡；好友马克赫木格因病去世，好友汉斯将军也撒手而去，甚至他家的厨子也因心脏病猝死……这些消息像一连串的钥匙一样打开海明威心中担心恐惧的阀门，没有人能在这么多朋友的不幸中依然活得悠然自得，海明威始终觉得被一种阴森的死亡阴影所笼罩着，想自己走出也只是无能为力地反抗。他的情绪总是很紧张，最担心的健康问题也出现了。海明威虽然近期一直坚持锻炼，但是后来又再次酗酒，体重也超标，他那时有二百五十多磅，血压高达两百，还经常出现耳鸣，脑子里常有嗡嗡的沉闷的声响，那声音就像在风中摇曳的电线发出的声音一样，这让海明威的心情很低落。他的私人医生埃雷拉让他减肥，坚决杜绝他再酗酒。海明威在 9 月和他的司机奥多布鲁斯驾驶一辆新的越野车开始旅行，他们四处游历、冒险，寻找刺激和快乐，以此摆脱掉自己的心理负担，找回对生命的热爱。功夫不负有心人，当海明威返回时已经成功将体重减至二百三十磅。

这一段时间是海明威相对沉寂的岁月，在作品创作方面没有让人眼前一亮的新作，在他个人生活方面也不如以前那样轰轰烈烈。他经常对外宣扬自己以前的事迹，或者以一种让人不理解的态度对自己在性生活、狩猎、酗酒等方面大谈特谈，这时的公众都很少有人对他进行关注。虽然期间又有四部作品的发行权被买走，但他更像一个普通的人那样，和自己的妻子、儿子过着平静的生活。

3. 晚年的创作

海明威度过了 1947 年这个多灾多难的一年，1948 年到来的时候他的心境也没有明朗多少，但是他还是很顺利地度过了这一年，并且结交了三个后来都为他撰写传记的作家。

第一个是著名评论家马尔科姆·考莱，他曾经为海明威的多部作品写过评传，在 20 年代的时候还见过海明威本人，但是他们两人并没有多少私交。1948 年春天，马尔科姆受《生活》杂志的委派来到古巴采访海明威，还被热情地邀请在"瞭望山庄"住了两个星期。马尔科姆是《生活》人物传记专栏的作家，采访原本只是打算写成一篇简短的文章，后来经过两个星期的共同生活，他们之间的了解越来越多，一篇文章肯定是写不完的。两人熟识后马尔科姆对海明威的采访更加细致，海明威也对这个新朋友谈了很多。后来经过海明威的介绍，马尔科姆还在华盛顿拜访了拉纳姆将军，拉纳姆热心地接待海明威的朋友，又补充了很多关于海明威在战场中的事迹。这次采访让马尔科姆掌握了很多材料，后来他经过整理，写出了第一本关于海明威本人的传记——《爸爸先生画像》，这本书让更多的人了解了海明威的事迹，使海明威更加声名远播，马尔科姆站在海明威的立场讲述，消除了很多人对海明威的误解，也为以后作家们写关于海明威的传记提供了原料。

　　见过马尔科姆之后，海明威对关于自己的报道不再像以前那样反感，开始接受别人的访问。《纽约客》杂志的记者莲莉·罗斯也是海明威的旧识，他们在 1947 年于爱达荷州相见，海明威经常能在《纽约客》上看到她的文章，海明威很喜欢莲莉·罗斯的写作笔调，处理得清新细腻。后来他们之间通过很多封信，海明威在信中很健谈，给莲莉讲很多自己和别人的趣事。莲莉后来在《纽约客》上发表了一篇专门写海明威的文章《先生们，现在你们以为如何呢?》，在文章中，莲莉塑造了一个洒脱自在，永远精力旺盛又充满幽默感的作家，还在文章的旁边专门配了海明威的一张照片。

　　另一个作者是《世界主义者》的编辑，名叫阿伦·E.霍契尔。他出生于 1920 年，和海明威相差二十多岁，他从小就十分崇拜海明威，1948 年去"瞭望山庄"登门拜访海明威，请他就未来的文学为杂志写一篇文章。由于海明威时间安排的缘故，霍契尔最终并没有完成这项任务，却幸运地成为海明威的忘年交。他后来成为海明威家里的常客，经常陪海明威一起钓鱼、打猎等，还像一个小学生一样对海明威吹嘘自己的事迹百听不厌。海明威后来将自己的一部作品的电视剧改编权送给了霍契尔，电视剧大获成功，两人平分了盈利。在海明威生命的最后十几年里，霍契尔成为他晚年生活的经历者和记录者。他在海明威逝世后不久就出版了关于海明威晚年生活的传记作品。

　　海明威渐渐摆脱了长期的阴郁心情，开始享受幸福的生活。3 月份，为了庆祝儿子帕特里克到哈佛大学读书，海明威带着全家进行了十天的海上航行。他们的航行有很大的收获，捕到了很多的鱼，"拜勒"号的冷冻仓里装了将近一吨的各种各样的鱼。曾经的小说作品《永别了，武器》再版，出版社请海明威写了篇序言。海明威说读到当年的作品，虽然会觉得幼稚，但也不愿意继续思考，这样让他产生自己还是 30 岁的错觉，感觉自己很年轻。在 7 月份，为了给自己庆祝 49 岁的生日，他又一次到海上航行。生日的时候，海明威似乎恢复到以前那种积极的状态，他说："我正在告别痛苦，虽然痛苦也带给我新的生命。我正在满怀希望地等待我的第 50 次生日。到那时，希望能有更多的读者了解我，尊敬我。"他还把自己的一支自动步枪送到博物馆里，那支枪是他在二战时期用过的，他将这支具有意义的枪送给博物馆作为战争纪念物，他说这代表了自己成功的过去，也让他不忘记战争中的欧洲，警示他迷惘的未来。报纸杂志上关于他的报道越来越多，慕名来拜访的人也在不断增加，这让海明威觉得影响到了自己的正常生活，所以他和玛丽想离开这里，再来一次欧洲旅行。

他们选择了意大利，这是一个带给海明威很多回忆的国家。1948 年 9 月，海明威夫妇乘坐"哈吉罗"号来到意大利的热那亚。当年年少的他作为美国士兵来到这个地方，之后他做战地记者时和他的第一任妻子哈德莉一起来过，在与哈德莉分手时也曾在这里流过痛苦的泪水。时光流过，再次回来的海明威头脑里像播放电影一样出现一幕幕的过去，让他感慨万千。海明威和玛丽租了一辆车开往斯特雷萨，斯特雷萨的人民对于这个世界闻名的大作家十分热情，他们把海明威夫妇看作意大利的贵宾，他们所到之处都簇拥着很多人，海明威看到很多年轻人手里捧着自己的巨幅海报一路跟随，感到无限荣耀。曾经他来到意大利的时候是和他们差不多的年纪，那时的他一文不名，还是一个无人知晓的毛头小子。在人群热情氛围的感染下，海明威的情绪也越来越高，他竟将一朵鲜花摘下，插在自己的帽檐上，加入到人们的喜悦中，海明威在动情之时总是很可爱。

10 月底，他们一起告别了斯特雷萨来到了"魔力之城"威尼斯。11 月份的时候海明威来到了他曾经参战负伤的地方——福塞尔塔。福塞尔塔虽然多次重建，但由于历经炮火的次数太多，整个城市还是很破败。这就是他后来通向成功之路的起点，这个地点对于他来说太重要了，海明威很想在这里举行一个像样的仪式。但是准备不足，条件有限，海明威只好想别的办法纪念。他在地上挖了一个洞，将一张 1000 里拉的钞票塞入洞中又填平。海明威在福塞尔塔偶遇了正在打猎的卡洛·克奇莱伯爵，克奇莱邀请海明威和他一起到他的领地打猎。海明威当时也找到了良好的写作状态，他想在这里住下进行写作。所以海明威就答应了克奇莱伯爵的邀请，上午开始写作，下午和他一起打野鸭，玛丽则自己一个人到意大利其他城市游览观光。这期间海明威写了一篇关于高尔佛河的小文章《蓝色的大河》，寄给了《假日》杂志。他还构思了几个小说，并且开始动笔写《岛在湾流中》。

12 月初的一个周六下午，克奇莱和海明威受南尤基伯爵的邀请到他的领地拉提萨纳打猎，和他们一起被邀请的还有一个名叫阿德里安娜的 19 岁的姑娘。阿德里安娜出身贵族，身材高挑，是个标准的"拜占庭式"的美女。他们在山中打猎遇到下雨，细雨持续下个不停，他们走了很长时间的路才走到林中的小屋。阿德里安娜是第一次打猎，没有像其他人一样准备防雨的衣物，傍晚时候，大家回到猎人小屋时，她浑身都湿透了。阿德里安娜疲惫不堪，额头上还被弹起的子弹盒碰了一个大包。她独自一人坐在火炉的旁边烘干她长长的头发，她翻遍了背包上所有的口袋也没有发现梳子。头发被风吹雨淋已经乱蓬蓬的，一向注重外表整洁的阿德里安娜陷入窘迫。海明威当时正坐在屋子另一侧的沙发上和同行的男人们聊着白天打猎的情景，也说一些别的话题，但是他的目光总是被阿德里安娜所吸引，时不时地瞥向这边。海明威当然注意到了阿德里安娜的不安，他从包里掏出自己的梳子，从中间一分为二，将其中的一半送给她。阿德里安娜很感动，连声向他道谢。他们的相遇很有戏剧性，海明威后来说他和阿德里安娜相遇的一刹那"像有什么东西闪电般地击中了我"。

1949 年初，玛丽在滑雪的时候把脚踝扭伤了，海明威也感染了风寒，卧床休息将近半个多月。3 月份时，海明威在意大利的柯迪纳被石子擦破了眼皮，还因此感染上了丹毒，整个脸都肿胀起来，如果严重的话还会引发脑膜炎。医院的主治医生给他注射了很多消炎药剂，在脸上涂满了厚厚的油膏，海明威只能每天躺在床上，长时间没有修剪过的胡子和浮肿的眼睛让他整个人看起来颓废不堪。由于生病，正写得很顺利的小说也停了下来。病好之后，他没有再继续写之前的那本《岛在湾流中》，而是着手写另一部关于二战的长篇小说，这是到访意大利带给他的灵感。

1949 年 4 月 13 日，海明威和玛丽离开意大利返回到哈瓦那，继续和以前一样的生活，在不去钓鱼、锻炼的日子里就抓紧写自己的新书。到 9 月份的时候新小说已经进入收尾阶段了，他将这部小说命名为《过河入林》，并将这本书的出版等相关事宜都交给霍契尔来代管。但是海明威最终没能按照计划在 11 月份的时候完成整部小说的创作，他在 11 月和玛丽一起去了纽约和巴黎，去找在巴黎的朋友们，和他们一起喝酒、赛马。《过河入林》的结尾拖了一段时间在巴黎写完了。

《过河入林》的主人公坎特威尔亲身参加过两次世界大战，在二战后不久到意大利故地重游。他去了当年作战负伤的福萨尔塔，去了威尼斯游玩，与朋友们一起打野鸭子，还在意大利遇到了美丽的姑娘蕾纳塔，与她产生了毫无功利目的的纯真爱情。意大利之行让海明威找回很多关于战争的记忆，描写出了壮烈的地面战争的场面。50 岁的上校和 19 岁的少女之间"柏拉图"式的爱情被写得真实感人，书中反映了海明威对战争的厌恶，对人类前途的关心，也体现了他在晚年对人生的价值、爱情与死亡的思考。本书书名是根据美国内战时期南军将领托马斯·杰克逊临死前所说的话"越过河流，进入森林"取的，表现了海明威笔下的"硬汉"，当然也包括他本人视死如归的坚强性格。

知道海明威的人都会看出这是在写他自己的故事，主人公坎特威尔上校身上有作者本人的影子，意大利姑娘蕾纳塔的原型就是阿德里安娜。

1950 年年初，海明威夫妇再次访问了威尼斯，他们主要是由上次结识的朋友们陪着游玩，当然也有阿德里安娜。海明威很想见到阿德里安娜，他被这个年轻的女孩子深深地吸引，在创作作品时，她美丽的形象一直不断出现。1 月 28 日的时候，威尼斯下起了厚厚的大雪，玛丽出去滑雪，海明威在旅馆中写作，偶尔摆弄一下他心爱的枪支。因为海明威之前长期在海上，皮肤经常暴露在海风和强烈日光中，皮肤变得很薄弱敏感，这段时间他由于对火药过敏而感染到了皮肤，很难根治。后来由此发展成了良性的皮肤肿瘤，成为之后一直困扰他的顽疾。

4 月 7 日，他们两人回到"瞭望山庄"，海明威一直和阿德里安娜保持联系。年末的时候，阿德里安娜和她的母亲还来到"瞭望山庄"做客，小住了三个月。在海明威年轻的时候他喜欢比他年长的女性，像艾格尼丝、哈德莉、波林，随着年龄的增长，他开始喜欢上玛莎和玛丽这样的比他年轻的人。现如今，年过五十的他竟然迷恋上了不满二十的阿德里安娜。海明威的痴迷谁都看得山来，朋友们帮他分析并劝他放弃这段感情，但是他无法割舍。然而，阿德里安娜并没有给他相应的感情回馈，在"瞭望山庄"居住的那段时间里她就和一个古巴青年胡安相爱了。这对海明威打击很大，尽管玛丽因为阿德里安娜的原因，无端承受了海明威很多的粗暴和无礼，这时她还是能感受到丈夫的心痛。

虽然海明威的爱情无果，但是因为阿德里安娜，才思陷入僵局的海明威又一次焕发出文学上的创作热情。《过河入林》、《岛在湾流中》以及后来的《老人与海》都是在这一时期完成的。《岛在湾流中》是他最早开始动笔写的，后来由于写《过河入林》而中断，即使写完之后海明威也不太满意，将手稿放在地下室，后经玛丽和研究海明威的专家卡洛斯·贝克在1970年修订完毕才得以出版面世。海明威后来很坦率地跟自己的小儿子说，他每天晚上都会梦见阿德里安娜，醒来之后都会觉得比平时更有力量，字句就从脑子里自动流出来。

但不论阿德里安娜对海明威有怎样的重大意义，事实证明，玛丽才是海明威理想的妻子，才是那个能和他度过余生的人。玛丽在海明威最负盛名的时候成为他的妻子，但是那也是他开始走向低迷的时期。有玛丽的陪伴是海明威人生中的幸事。

4. 创作巅峰

海明威到晚年后创作的作品不多，最后将近二十年里他出版的书只有两本，一本是《过河入林》，另一本就是给他带来最高荣誉的《老人与海》。

海明威是在1950年的年末开始动笔写《老人与海》的，当时阿德里安娜还在"瞭望山庄"。这个故事他已经酝酿了十六年之久，1935 年海明威从朋友卡洛斯·古铁雷斯那里听来一个关于一名老渔夫的故事，他后来还专门去见过这个老人。海明威当时将这个故事记在笔记本里，也将老人格雷戈里奥·富恩特斯布满皱纹的脸印在了脑海里。他想把老人的故事写下，但是总觉得材料不够或者自己不在最好的创作状态而迟迟没有动笔。

之后十几年里，海明威多次出海打鱼，也曾经遇到过像格雷戈里奥老人那样和大鱼搏斗却一无所获的经历，更重要的是海明威后来参加了两次战争，受过重伤，得过大病，也经历了人生的磨难与生死，他对命运有了更深层次的理解和彻悟，所以选择在这个时候着手写这个作品更能写出深意。

海明威开始写《老人与海》之后就像一台机器一样每天写作很长时间，一手拿着酒杯，一手拿着笔在纸上不停地写。海明威写得相当顺利，这个酝酿了十几年让他想写又畏难的作品居然只用了两个多月就写完了。2 月 17 日的时候海明威完成了初稿，初稿的字数很多，后来经过很长时间的修改，整本书只剩下 26000 个字，但是海明威很满意，他向来不喜欢冗长，短小精悍才是他所追求的。1952 年 4 月，《老人与海》先后在《生活》杂志社和斯克里布纳出版社发表、出版。

《老人与海》的情节很简单，故事发生在哈瓦那以东七英里的科希马尔，那是一个沿着海湾延伸的村子，村民都靠打鱼为生。主人公圣地亚哥是一个独居的老人，他已经连续 84 天没有打到一条鱼，一直跟着老人的小孩马诺林被父母送到另外一条收益好的船上，但是马诺林还是喜欢和圣地亚哥一起，他常常背着父母来看圣地亚哥，在港口等着一次次空手而归的老人。老人从不理会别人的讽刺和嘲笑，回来后他就躺在小屋里睡觉，在梦里他能看到自己以往的英勇事迹，能看到非洲金色的狮子。

在第 85 天的时候，天没亮圣地亚哥就出海了，这次他决定要去远处的海上。命运之神果然眷顾了他，这次他钓到的是一条大得惊人的马林鱼。老人在第三天终于战胜了这条大鱼，他把死去的大鱼绑在船上，开始返航。但是海里的鲨鱼嗅到了血的味道，追到了老人的船，开始频繁向渔船发起进攻。于是他又开始了和鲨鱼的搏斗，他在打败鲨鱼后自言自语说："人生来就不是为了被打败的，人能够被毁灭，但是不能够被打败。"

当老人到达岸边时，那条大鱼已经被啃食得只剩鱼骨了。疲惫的老人跟跟跄跄地走进自己漆黑的屋子，倒头便睡。早晨，等了几天都没见到老人的马诺林给他送来咖啡，人们都围在船的周围惊叹这巨大的鱼骨。而老人还在屋里睡觉，马诺林坐在他的身边守着，在梦里老人又一次看到了威风凛凛的狮子。

这个故事很简单，但是它的意义不会仅仅在于讲一个老人捕鱼的故事。按照海明威的"冰山理论"，还有八分之七的东西需要读者自己思考。《老人与海》重要的价值就在于他的象征意义。老人圣地亚哥是强者的形象，他有不断向命运挑战的勇气，哪怕 84 天都没有任何收获，第 85 天他还是会继续出海；哪怕是面对大自然中的劲敌，即使是没有任何希望，他还是会选择对抗。正是因为这些象征意义，《老人与海》成了一个"意味着很多东西"的小说。

没有收获并不意味着失败，就像海明威以前作品的名字那样"胜利者一无所获"，事实上，老人是一无所获的胜利者。面对失败、死亡都要坚强勇敢，用人的坚强意志在精神上立于不败之地，这样才能拥有生而为人的快乐。从老人圣地亚哥身上我们看到了作为人的尊严和巨大的精神力量，这给所有的读者带来强烈的震撼和启示：人的生命是有限的，而人的追求是无限的，在二者之间的矛盾上应该选择积极进取和行动，人生的价值和意义就在于行动本身。

在海明威的作品中经常能够看到像圣地亚哥这样的人，他们是从来都没有得到关注的小人物，生活贫困，屡受挫折，如《打不败的人》中的斗牛士曼纽尔、《五万美元》中的拳击手杰克以及《老人与海》中的圣地亚哥，他们的职业不尽相同，但是海明威为他们找到了共同的灵魂，那就是勇于与命运做抗争的悲壮与崇高，他们始终保持旺盛的生命力和坚强的意志力，始终保持人的勇气和昂扬。在他们身上具有一种不屈不挠、坚定顽强的精神和面对暴力、死亡而无所畏惧，身处逆境而不气馁的坚强性格。后来的评论者们将海明威笔下的这一类形象统称为"硬汉形象"，海明威也获得了"硬汉作家"的称谓。

其实，作者海明威也是"硬汉形象"的代言人。他本人的传奇经历让他在同时期的作家中显得很突出：参加两次世界大战、酷爱拳击和钓鱼、热衷于激烈的斗牛、到非洲去打猎、无数次受伤又顽强站起，他一直在追求绝地逢生的刺激感，将自己身上的伤疤当作荣耀，他还说"如果我身上没有疼痛感，我就不会感到真正的愉快"……在美国公众的眼里，海明威已经不仅仅是一个很有名望的作家，而是一个文化符号，成为代表着威猛和无畏的文化偶像，所以即使在海明威沉寂的岁月里，没有作品问世也能够得到人们的关注。

古希腊的悲剧精神在海明威的作品中得以再现，尽管海明威笔下的人物都是悲剧性的，但他们都能泰然自若地接受失败，沉着勇敢地面对死亡，这些"硬汉形象"体现了海明威的人生哲学和道德理想，那就是不向命运低头，永不言败的战士精神和积极向上的乐观态度。海明威用近似寓言的故事告诉我们人类永恒的自我求证意识，即使肉体上被打败，也要做一个精神上的强者。

《老人与海》出版之后得到了如潮水般的好评，海明威在文坛沉寂了很长时间，之前发表过的《过河入林》也是批判多于褒奖。海明威现在抛出这部作品又引起了大家的关注，使他的名声为之大震。

《生活》杂志最先刊登后，当期杂志两天内的销量达到了该杂志社的峰值，共售出了530万册；紧接着出版的单行本5万册的《老人与海》也很快就销售一空。不足三万字的作品，写得朴实无华，但就凭借它的深度和内涵广受欢迎。1952年，《老人与海》一直占据畅销书榜首，也被翻译成多种文字在国外出版，法国、意大利、德国等国家还把这本书编入教科书。圣地亚哥老人悲壮的抗争征服了当时迷惘中的人们。

海明威说《老人与海》是他写过的最满意的一本书，他当时把手稿修改了差不多有200遍，每读一遍都会有不一样的启发。经过他的苦功，终于呈献给大众一部佳作，字里行间都透露出淳朴、自然、高尚的情怀。

1952年5月，海明威和玛丽正在古巴比纳尔德利省的珊瑚岛上钓鱼，吃完饭的时候，他们从收音机里听到了让他们高兴万分的消息：《老人与海》获得了当年美国文学的最高奖——普利策文学奖。海明威曾经与这个奖项失之交臂，现在终于将它揽入怀中。1954年，海明威又因此书获得了诺贝尔文学奖。

这本书带给海明威的不仅仅是名誉，更重要的是他对于自己创作才华的再次肯定，使他的生命在暮年的时候获得新的生机，大放异彩。

5. 重返非洲

1953 年 6 月，海明威以《展望》杂志记者的身份又一次前往非洲。他希望能够再从非洲之行中重获写作激情，《展望》杂志和他达成协议，杂志社为他提供了 15000 美元的旅程费用，他则为杂志社提供拍摄海明威狩猎纪录片的权利。

海明威先到了西班牙，当他到达西班牙时心情很复杂，曾经最熟悉的国土，但是在西班牙内战结束后，作为共和军支持者的海明威就再也没有踏入西班牙了，尤其是在《丧钟为谁而鸣》出版后，他被明令禁止进入西班牙，但是现在西班牙政府已经废除了那条禁令。海明威也知趣，绝口不谈政事，仅仅是看斗牛、看望一下朋友。之后海明威离开西班牙到法国，在那里他见到了《展望》杂志的摄影师厄尔·泰森，泰森会一路跟随海明威抓拍照片，以作后面报道的材料。

海明威到达肯尼亚的时候，肯尼亚人民正在进行反对英国殖民统治的"毛毛运动"，这使得肯尼亚的旅游业大受影响。但是战争主要集中在内罗毕北部的基库尤区，海明威被允许在南部地区进行打猎。海明威 8 月份的时候见到了他二十年前到非洲打猎时的导游珀西瓦尔，珀西瓦尔当时已经是职业猎手协会的主席了，海明威继续邀请珀西瓦尔和自己一起打猎。

但是海明威远没有上次表现好，他确实是老了，脚步不再矫健，视力下降让他瞄准猎物也很困难。体重上升使他很多动作都显得很笨拙，这让负责抓拍的摄影师厄尔·泰森很为难，很多时候不得不摆拍。珀西瓦尔也对海明威有些失望，那个充满活力、枪法精准、幽默和气的海明威已经不见了，海明威现在脾气暴躁，还是像以前那样对猎物的多少斤斤计较。后来海明威不再热衷于打猎，改成开着车在草原上观察动物，看它们在做什么、可能会做什么。

海明威的第二次非洲之行并没有让他写出很好的文学作品，只是勉强写了一篇不太精彩的文章《游猎》投给了《展望》杂志。他还写了一部《非洲日记》，但是在文学性方面有很大的欠缺。

1954 年，海明威夫妇乘飞机去往刚果旅行，然而厄运却跟随而来，先后经历了两次飞机事故。1 月 21 日，海明威乘坐罗伊·马奇驾驶的飞机从内罗毕出发，平稳飞行了两天，他们在飞机上俯瞰多彩的非洲，看成群的河马在水中游泳，看夕阳中捕鱼人划着小船回家的剪影，还可以看见尼罗河。第三天时，他们见到了莫奇森瀑布，海明威让罗伊·马奇飞得低一点，好让玛丽能够拍到美丽的照片。飞机在瀑布周围盘旋了三圈，第三圈的时候他们的飞机遇上了一群朱鹭，鸟类和飞机相撞会造成很严重的事故，罗伊为了躲避快速飞行的鸟群猛地按下机头，飞机向下俯冲，巧妙地躲开鸟群。但是飞机的螺旋桨却被架在山间的电报线挂住了，飞机一下子被困住，接着摇摇晃晃地向下掉落。罗伊意识到发生什么之后立刻驾驶飞机远离峭壁，在一片矮林中降落下来。在罗伊的帮助下海明威和玛丽逃离了飞机，三个人这时已经到了乌干达的国土上。海明威和玛丽身上都受了些轻伤，但内心还是为自己的幸运激动不已。他们在乌干达杳无人烟的荒野上煎熬了一晚上，夜晚的气温很低，食物也没有办法加热，周围总有野象、河马出没，他们三人得轮流站岗，三个人度过了紧张又疲惫的一夜。

第二天，他们被过往的游轮救下，在被船主敲诈了一笔钱之后，去了艾伯特湖东岸的布迪亚巴。他们到达时已经是傍晚时分，正好遇到了驾着飞机来搜索他们的飞行员雷金纳德·卡特赖特。布迪亚巴的居住条件很差，没有旅馆，雷金纳德就想连夜把海明威夫妇送走。他们到达布迪亚巴机场的时候那里已经围了很多人，人们都过来看这个知名的大作家，很多记者也闻讯赶来，想采访飞机失事后的海明威。布迪亚巴的飞机场年代很久了，很小而且很破旧，跑道也是为老式飞机设计的。雷金纳德开着飞机很难飞起来，每次起飞不了多长时间就往下掉，试了好几次终于飞起来了，可是机尾却撞在了犁沟上，整个后仓迅速起火，海明威在两天内遭遇到了两次飞机事故。

不过这次要严重很多。海明威大喊着让玛丽把窗户打碎，可是瘦小的玛丽没有力气打开，还是雷金纳德将玻璃打碎首先逃了出来，紧接着玛丽和罗伊也出来了。只有海明威因为身材太胖而没办法从窗户出去，他只好冒着火焰跑到舱门那里，用身体将舱门撞开，一下子从飞机上下来。海明威伤势很严重，头在撞舱门的时候受了伤，头盖骨有一处破裂，有很严重的脑震荡。脊椎骨上的两节间盘被摔得断裂了，右臂和右肩发生错位。更严重的是内伤，肝脏和一个肾脏破裂。脸上和手臂上还有不同程度的烧伤。但是海明威还是像往常一样，对自己的忍耐力和幸运感到骄傲，他还忍着病痛将自己飞机失事的经过写成文章发表在《展望》上。

二儿子帕特里克租了一架飞机来看望他俩，并把他们接到自己在内罗毕的家里。海明威在经历两次事故之后居然还会选择乘坐飞机离开，真是让人意想不到。到达内罗毕之后，海明威收到了各方发来的电报，朋友和一些读者都写信祝贺他大难不死。但是让海明威吃惊的是他竟然在一些报纸上看到了自己的讣告以及各界对海明威死讯的反应，还有一些盖棺论定的东西：《纽约每日镜报》的新闻标题就是"机毁人亡，丧钟为海明威而鸣"；《纽约先驱论坛报》则发表了对海明威之死的谈话和评论"死于午后——海明威和妻子遇难离世"等。原来在他们乘着船到布迪亚巴的时候，有一艘英国航空公司的驾驶员在丛林中看到了飞机的残骸，但是在周围没有发现幸存者。他向总部报告了失事飞机的牌照号码，经确认，正是海明威乘坐的飞机。于是1月14日，美联社向外发出宣告：作家海明威及其夫人昨日乘坐的飞机在乌干达境内坠毁，海明威不幸身亡。另外，在第二次事故现场，一些报纸杂志的记者们看到现场飞机起火，海明威又一直没有逃出来，误以为海明威出了意外死亡，还没有等着看到最后结果就慌忙跑回去写新闻，抢占头条。结果以讹传讹，事情越传越真，就成了现在这种情况。

海明威饶有兴趣地将这些报道剪下两篇，放在自己的剪贴簿里。海明威说："一个人只要在反叛死神，他就能成为主宰死亡的天神一般的人物，也就乐在其中。"伤痛刚有所缓解，海明威就宣布了自己下一步的狩猎计划，然而计划还没怎么执行却遇到了林火，海明威坚持要参加救火，浑身的伤痛让他行动不便，被火焰困住摔倒在地，人们把他救起来的时候他的衣服上都已经着了火，身上大面积烧伤。1954年3月的时候，他不得已地离开非洲，到威尼斯住院治疗。

多次受伤的海明威明显地老了，头发变白，说话也不太清楚，吞吞吐吐，行动迟缓。在身体垮掉的时候，他的骄傲和自信也不见了。在威尼斯疗养了一个月之后，他们启程去了西班牙。海明威将霍契尔叫到身边陪着自己，和他聊天，讲自己经历的奇闻逸事。在马德里的时候，在玛丽的坚决要求下，海明威做了一次全身检查，情况很不容乐观，医生告诫他一定要禁酒。

1954 年 6 月，海明威在意大利的热那亚登上了返回哈瓦那的轮船"弗朗西斯科·莫罗西尼"号，在 7 月份到达了哈瓦那。这次出行一共用了十三个月的时间，海明威在写作上几乎没有创作，只是带着一身的伤痛回到了家。

6. 夕阳记忆

到了秋天的时候，海明威重新拿起笔写《非洲日记》，他后来也意识到自己现在所写的东西并不值得发表，只是选取了其中的几个片段投给了几家报社。闲下来的海明威开始思考自己的选择，当作家是他在年轻时甚至是在儿时就做出的选择，他曾经为了这个梦想吃了很多苦，不过写作也确实为他带来了不可替代的荣誉和财富。现如今作为世界闻名的作家，一步步走来，岁月的磨砺让他更加明白人生与写作，海明威说：人生中，青春和爱情是宝贵的，但每天早晨醒来知道自己要做什么是最重要的。他认为虽然写作能够带给作家很多东西，但其真正的价值和酬劳在于它使一个作家最大限度地挖掘自己的潜力，实现自己。"即使写作无法给我带来金钱和名誉我也会继续选择写作，这是我命中注定的。"海明威如是说。

"大难不死，必有后福"这句话对于海明威来说是再准确不过的了，10 月的一天，海明威在睡梦中接到合众社打来的电话，通知他凭借《老人与海》获得了当年的诺贝尔文学奖。海明威兴奋地与妻子分享了这个消息。海明威曾经表示对于诺贝尔奖很不屑，但是在九死一生之后得到这么大的荣誉还是让他激动万分的，要知道诺贝尔奖只颁发给在世的人，这样看来海明威当时的死里逃生简直就是有命运之神的帮助。

《老人与海》已经出版两年了，两年内读者群依然在不断壮大，评价也一直很好。海明威获得诺贝尔文学奖的呼声一直很高，直到1954年，诺贝尔奖委员会才正式将奖项颁给他。1954年10月28日，瑞典皇家科学院常务秘书奥斯特林博士在颁奖典礼上为他朗读了颁奖词：

"海明威是创导了一种小说新技巧的先驱，他在现代文学叙述方面创造了独特的文本形式和写作技巧，尤其表现在《老人与海》中。诺贝尔文学奖要求文学作品应带有完美理想倾向，但海明威以往的作品则表现出了野蛮残忍、冷酷无情和怀疑，这一切似乎与之不符。如果从另一方面看，海明威也有着英雄般的气魄，这形成了他对生活的基本理解，表明了一个男子汉对冒险的向往，同时也表明了在一个真实被暴力和死亡掩盖的世界上，他对每一位为正义而战的斗士的由衷钦佩。"

海明威成为继辛克莱·刘易斯、尤金·奥尼尔、赛珍珠、威廉·福克纳之后第五个获得这项殊荣的美国人，并且海明威还得到了一笔36000美元的奖金。海明威最后并没有参加在斯德哥尔摩举行的颁奖典礼，他以健康为由拒绝了邀请，只是写了一封信，让驻瑞典的美国大使来替他宣读。

进入暮年的海明威将自己之前的狂傲稍微收敛了一些，以少有的矜持接受媒体记者的采访。但是到后来，尤其是在得诺贝尔文学奖之后，慕名来拜访的人越来越多，源源不断的信件、电话和登门拜访让海明威不胜其烦。他经常和朋友们一起到海上钓鱼，以避开这些烦人的东西。在接受《纽约时报》的记者罗伯特采访时海明威说，如果获得诺贝尔奖会影响写作的话，自己宁可不获奖。

《老人与海》的电影版权已经卖出去了，海明威花了将近一整年的时间在电影的拍摄上。海明威向来不喜欢那些根据自己作品翻拍的电影，但是这次他在将版权卖出去的时候还答应制片人利兰·海沃德担任他的技术顾问，所以他从1955年下半年开始就在为电影制作而奔波了。他要监督影片的编剧是否尊重原著的要求，还要帮助导演挑选合适的演员，最后他亲自带领剧组到古巴、秘鲁的海域去拍摄。电影终于在1958年10月份的时候登上银屏，与观众相见。海明威也渐渐从获奖带给他的烦恼中走出，写了几个短篇小说。

玛丽在1956年9月的时候陪海明威到西班牙看了斗牛，并且在那里过了萨拉戈萨狂欢节。由于埃及政策的问题，苏伊士运河被关闭，他们想去非洲的愿望没有能实现。两个人的身体大不如前，困扰玛丽很多年的贫血症恶化了，而且又得了胃炎和结肠炎，海明威的身体也十分虚弱，高血压愈加严重，肝功能也出现问题。也许非洲之行没有实现对他们来说是一件好事。

离开西班牙之后，他们又到了法国，在以前居住过的瑞芝酒店里，有人给海明威送来了两箱东西。那些都是他1928年遗留在酒店地下室的东西，现在重新被找到，里面都是一些笔记本，记录着当时的随感和一些没有发表过的文章。海明威自己一人在房间里翻阅之前的笔记，心生感慨。他让别人找来两个大箱子，将这些书和本子放进去，一并邮回古巴的家中。

从1957年开始，疾病缠身的海明威情绪一直很抑郁，整个人的状态很不好，不得不戒酒，没有酒精带给他的刺激，他努力将精力放在写作上。受到那两箱笔记的启发，海明威着手创作了一个短篇故事集，主要是关于他1921年到1926年在巴黎的生活。以往材料的意外找回，带给他很多想法和灵感。在故事集中，他回忆了自己二十几岁时在巴黎的那段艰苦的岁月，也追忆了自己曾经的朋友，如斯泰因、庞德、菲茨吉拉德等。海明威用带有文学夸张色彩的笔法写下这本类似自传的集子，对于过去贫穷艰辛的日子满怀深情地回忆了一番，虽然贫困但是依然努力奋发。"如果你喜欢的话，可以把这些当作是虚构的，但是任何一部虚构的小说都会在一些机会中透露出某些真实。"海明威在序言中这样写道。读者可以从书中看到哈德莉和小约翰的影子，可以看到当年的海明威的形象，可以看到奥地利白雪皑皑的冬天和巴黎郊区的平民生活。

海明威将这本书命名为《流动的盛宴》，几年间里他只是选了其中几篇零星地发表在不同的杂志上，整本集子在 1964 年才公开发表，玛丽在海明威去世后对手稿进行了整理。

1953 年 7 月，古巴爆发了反对亲美独裁统治的民族民主革命战争，古巴的革命形势越来越激烈，虽然卡斯特罗政府对海明威很尊重，但是高涨的反美情绪让他觉得很有压力。1958 年秋天的时候海明威决定去美国西部找一个僻静的地方，最终定下的是爱达荷州的凯彻姆。凯彻姆是一个偏远的小镇，距离他以前度假休养的太阳谷很近。当地只有一千人，居民的房子都是木制的平房，邮局还是南北战争时期的建筑，红砖墙、木格窗，很容易让人浮想联翩。因为交通不发达，这个小镇在飞速发展的美国城市中保持了最原始的西部风韵。海明威到这里后受到旧友威廉斯、阿诺德夫妇的热情欢迎，他在这里租下一个屋子住下，并且很快就结交了新朋友，和他们一起爬山、谈文学，感到无比轻松。太阳谷医院的医生乔治·萨维尔斯成为海明威的私人医生，为海明威检查的结果还是让人挺满意的，胆固醇和血压都下降了不少，接近正常值了。

12 月份的时候海明威租住的房子到期了，他和玛丽搬到了另一处，不过不是太满意。1959 年 3 月，他们回了一趟哈瓦那，当时卡斯特罗已经全面掌握了政权，在拉丁美洲建立了第一个摆脱帝国主义统治的社会主义国家。海明威在"瞭望山庄"的财产没有什么损失，他在那待了一个多月，就又出发往凯彻姆去了。他这次用五万美元在凯彻姆买下了一栋房子和周围十七公顷的地。

4 月份时，在西班牙的朋友邀请他来西班牙看全国性的斗牛，海明威欣然应允，和玛丽一起去欧洲。他仿佛又恢复了二三十岁时对于斗牛运动的热情。他在西班牙看了大概二十几场的斗牛，还夹在一群年轻人之间，辗转了几个城市追着两位优秀的斗牛士看比赛。那两位斗牛士分别是路易斯·米吉尔·多明昆和安东尼奥·奥尔尼兹，他们是有亲戚关系，多明昆的妹妹卡门·奥尔尼兹是安东尼奥的妻子，但是两人总是想比出高下。这次他们相约一共比赛六场，谁割下的牛耳、牛尾多谁就获胜。

在西班牙斗牛中，观众是唯一有权利决定是否奖励给斗牛士牛耳和牛尾的。如果一名斗牛士为观众呈现了一场精彩纷呈的表演，看台上的观众都会为他挥动白色手帕，如果现场有八成以上的观众挥动白手帕的话，主席团主席就会给予斗牛士一只牛耳的奖赏，同时包括绕场一周的殊荣。如果斗牛士的表演令观众为之疯狂，在斗牛士已经拥有一只牛耳后，绝大部分观众仍然继续不停地地挥舞白色手帕，主席团主席有权利决定是否奖励给斗牛士第二只牛耳。双耳加牛尾是最高级的奖励，只有极少的优秀斗牛士会获得这项奖励。他们两人的比赛地点从北到南换了好几处，海明威一直跟着他们，关注他们的赛况。海明威后来和安东尼奥成了很好的朋友。

1959 年 7 月 21 日是海明威六十大寿，海明威后来得知那天正好也是卡门·奥尔尼兹 30 岁的生日，他格外高兴，要在西班牙朋友比尔·戴维斯的庄园为他们两人举办一个盛大的生日宴会。玛丽很重视，早早地就开始为他准备生日宴会。玛丽从巴黎订购了香槟，从伦敦订购了中国食品，香料是从马德里运来的。她还用心准备了宴会上的表演，有乐队、舞蹈队、歌唱家，还从烟火名城瓦尔西亚请来烟火师。生日的前几天，从世界各地来了很多朋友，奥尔尼兹夫妇提前了很多天，来帮助玛丽一起准备；拉纳姆从华盛顿赶来，社会上的各界名流也都有来参加，海明威作品改编成好几部电影，很多演过电影的著名演员也来了；安东尼奥还带来了很多海明威认识的优秀斗牛士。戴维斯庄园安排不下这么多人，玛丽后来在附近的旅馆租下了整整两层的客房才把宾客安排好。

生日宴会办得十分热闹，从 21 日中午开始，一直持续到 22 日中午才结束。乐队奏着欢快的乐曲，海明威和大家一起跳舞；人们的酒杯不停地相碰，没完没了地干杯；晚上放烟火的时候，更是热闹，人们都随着天空中绽开的礼花欢快地叫着。有一个烟花出了点问题，点燃后斜斜地向着园中的棕榈树飞去，引燃了树枝，将那棵树给烧掉了。拉纳姆将军送了一本《第二十二兵团战争史》给海明威，二十二兵团是他们两人友谊的起点，那个英雄团给过他们太多珍贵的回忆和感动，海明威接到书就激动地哭了。

这是让海明威最高兴的一次生日宴会，他激动地拥抱玛丽向她表示感谢。

第八章　丧钟为他而鸣

　　六十岁生日之后，海明威、玛丽及朋友们又去了西班牙看了几场斗牛，然后回到凯彻姆，一直到 11 月份，海明威都住在那里。玛丽直接从西班牙回到古巴的"瞭望山庄"，将家里整理了一下。11 月初海明威和朋友奥多涅斯夫妇一起乘坐飞机回到了古巴，那时机场已经有很多记者和民众在欢迎海明威。有记者针对当时的时局向海明威提问，问他怎么看美国对古巴越来越冷漠的态度。海明威首先表示了遗憾，并说自己已经在古巴生活了将近二十年，心里早已经把自己看作古巴公民了。当时在海明威身旁摆着一面古巴国旗，说完这句话海明威就捧起国旗的一角吻了一下，由于他的动作太快，拿着相机的记者们还没有来得及拍下这难得的镜头，大家纷纷要求他再做一遍。海明威笑着说："我是一名古巴的公民，不是一个演员。"

　　在去西班牙之前，他和《生活》杂志签了合同，写几篇关于斗牛的文章。1960 年春天，海明威一直在整理西班牙观看斗牛时记下的材料，直到 6 月份才写完。海明威由原本约好的一万字写到了后来的六万字，这给杂志社的出版造成了很大的困难，而且很多文段都显得拖沓冗余，和海明威以往的风格极不相符。对方和他沟通想让他删减一点，但是他以强硬的态度拒绝了。最后还是霍契尔过来劝他，他才同意。他处处都舍不得删掉，最后只减少了一点点。对于这位惜墨如金，语句凝练的作家来说这简直不能想象，海明威似乎在渐渐丧失对艺术的鉴赏和判断能力，当初他在获得诺贝尔文学奖的感言中说"作家应该永远尝试去做一些从来没有人做过或没有人做成的事……每一本书都应该是他迈向一个全新领域的起点"，但是这样的要求他自己也很难完成。海明威将这一系列文章命名为《危险的夏天》，因为都是关于斗牛的题材，玛丽后来在整理时本来是打算作为第二版《午后之死》的补遗，但是最终还是尊重海明威的本意，将这几篇文章单独结成了书——《危险的夏天》，在1985年出版。

晚年的海明威身体一直不好，六十岁之后，他的各项身体机能都开始出现问题，相比之下，他的头痛耳鸣都成了小毛病。

肝病是长期大量喝酒的结果。作为一个作家，海明威每天都会喝很多酒，似乎只有在酒精的作用下才能够成全作家这个职业。早在1938年的时候海明威就感觉到肝部疼痛，意识到肝脏出了问题。1954年的飞机事故又使肝部受到了很严重的创伤，几年间，给他带来最多疼痛的就是肝病。医生乔治·普林顿告诉他，他的肝脏就像一只吸足了血的蚂蟥，要从身体里膨胀出来。

另外，日益严重的皮肤病也是给海明威带来很多烦恼的顽疾。皮肤病一旦发作就让他很难受，甚至连脸都不能刮。到1960年的时候，皮肤病更加厉害，脸上每天都要涂很厚的药膏，一条亮红色的斑块面积越来越大，后来变成了从眼睛一直延伸到嘴角的长斑，还不断有白色的鳞状物剥落，海明威对此感到厌烦。

"每个人活到半辈子的时候总要生一场病，而且这比身体上的疾病更不可思议。"海明威这是在说他的精神疾病，对于身边的家人和朋友来说这个是最让他们担心和害怕的。

其实海明威有精神方面的症状已经很长时间了，在他的生日宴会上还出现过一个小插曲。拉纳姆跳完舞往座位上走的时候不小心碰到了海明威的后脑勺，结果海明威出人意料地大怒，还特别凶狠地警告拉纳姆不要碰他的头。拉纳姆被他突然的举动气得够呛，转身就走了。海明威后来找到他竟然满眼都是泪水，他解释说自己是因为秃顶怕被人看到，就用后面的头发将头顶盖住。拉纳姆弄乱了他的发型，他因此会被别人嘲笑的。拉纳姆看到自己的朋友和以前的行为如此不同，吓了一大跳，急忙打断他。而且，海明威和以往的不同还体现在很多方面，而且越来越明显，比如，他做什么事情都是犹豫不决，甚至都不能自己决定应该穿什么样的衣服，系什么颜色的领带。他整个人的状态消极了很多，不爱和人交流。

1959 年 8 月，海明威独自飞回马德里，住在戴维斯的家中，却无法像以前那样生活。戴维斯夫妇能明显感觉到海明威的脆弱：他很容易感到恐惧和紧张，多疑易怒。后来，海明威还和戴维斯夫妇发生了不快。戴维斯将霍契尔请来做调解，海明威跟霍契尔说戴维斯想要制造车祸的假象杀死他，所以他们在离开马德里到纽约时，海明威宁可乘坐出租车也不让戴维斯送。在纽约的住处，海明威就经常一个人发呆，玛丽说他好像是一个陌生人，对她一直客客气气的，忘记房间号也是经常的事。

到凯彻姆之后，海明威长期足不出户，后来玛丽约了一些朋友想带着海明威出去散散心，当他们带着猎枪到野外打野鸭时，海明威却坚持认为这是私人所有的，他们会被当作非法入侵者逮捕，不管别人说什么也不去。海明威还总是担心自己会破产，房子、存款都会被警察没收。玛丽当着他的面打电话给银行，证明他的想法是多余的，海明威也不信，还总是时不时地提起。他觉得自己周围出现的陌生人是联邦调查局过来调查他的，一旦发现异常就会把他抓走，还幻想家里到处都是窃听器，一旦和玛丽有什么重要的事情就固执地坚持到院子里去，以保障他们的安全，真是让玛丽哭笑不得。海明威越来越离不开玛丽，每当玛丽和其他人交流，他都疑心是在说自己的坏话。海明威一直沉浸在自己忧郁的情绪和各种幻觉里，越来越频繁地和周围的人说起自我毁灭。

海明威的这种状态让家人朋友们都很担心，霍契尔向一个很有名的精神科医生咨询了海明威的病情。医生初步诊断为重度"忧郁—困扰型"精神病，必须住院接受治疗。霍契尔和玛丽商量，并推荐了当地一家很有名的精神病医院，那里的治疗条件和医生都很有名。但是玛丽考虑到如果海明威去那里接受治疗会在公众中引起很大的反响，各路媒体一定会大肆宣扬，这会对海明威造成更大的伤害，何况海明威本人也会抗拒被送到一个精神病医院。最后他们和海明威的私人医生萨维尔斯一起决定把海明威送到明尼苏达州的洛奇斯特，11 月 30 日让海明威用"萨维尔斯"这个名字住进梅奥诊所的圣玛丽医院。他们对外界和海明威解释说是让海明威住院治疗高血压。海明威还是很不快，他不愿意被困在医院的病床上。玛丽在附近的一家酒店里住下，每天都去医院里照顾海明威。

圣玛丽医院为海明威进行了多次会诊，还请了外国的专家来给他看病。医生们最终确定了治疗方案，他们给海明威开了一些治疗抑郁症的药物，还要对海明威进行电休克治疗。电休克治疗又称为电震治疗，最早开始使用是在 1938 年，是指让一定量电流通过患者头部，改变患者紊乱的大脑皮层，从而达到治疗疾病的目的，这对于治疗抑郁症是很有效的。不过电休克治疗可能会对病人的记忆力造成一定影响。但是海明威当时的情况已经属于深度抑郁症，不抓紧采取措施治疗是绝对不行的，放任下去只会更加严重，最后甚至会产生自杀倾向。

住院期间，海明威接受了 11 次电休克治疗，症状减轻不少。1961 年 1 月下旬的时候经过医生的同意办理了出院手续。他们带了一些药回家，继续维持现状，控制病情。在凯彻姆的家中，海明威试图恢复写作，但是这好像是一项不可能完成的任务。他思路枯竭，记忆力和想象力受到了限制，而且在药物的作用下，海明威说话都成了问题。2 月份时，人们请海明威为刚上任的肯尼迪总统手写一份贺辞，海明威用了很长的时间只写出了开头几个句子，而且本子上的字只有开头几个是整齐的，后面的字歪歪扭扭，简直像一个刚学写字的孩童。作家海明威再也不能写作了！海明威也意识到了这一点，他为自己空白的未来感到恐惧和难过，他抱着玛丽痛哭，泪水不断涌出来。

玛丽一直在海明威身边陪着他。4 月的一天，玛丽因为赶着给邮递员开门扭伤了脚，不得不卧床休息。1961 年 4 月 21 日，玛丽跛着脚下了楼，竟发现海明威的手里拿着他心爱的猎枪，枪膛已经打开，窗台上还放着两颗子弹，海明威那时正看着窗户外面出神。玛丽心里一惊，她赶忙走到他的身边，努力不动声色地跟他说话分散他的注意力，玛丽知道待会儿萨维尔斯就会过来给海明威量血压，她心里像盼着救世主一样期盼萨维尔斯的到来。玛丽自己一个人承受着巨大的压力熬过了一个钟头的时间，萨维尔斯终于来了。在他们两个人的努力下，海明威把枪放下，让萨维尔斯给他量血压。

　　这件事过去后，玛丽很后怕，她怕自己一时大意会让海明威陷入危险，所以她打算再次把海明威送到医院做彻底的治疗。但是这一次遇到了一点麻烦。海明威赖在家中，说什么也不去医院，最后玛丽叫来了圣玛丽医院的人，大家一起苦口婆心地开导他，海明威终于同意。但是他提出要自己整理自己的物品，大家怕出事，就专门安排了一个身材高大壮实的男性护工唐·安德森陪着海明威。海明威在院子里收拾完，正打算进屋里的时候突然跑了起来。他把安德森甩开好远，冲进屋子，紧接着就将房门反锁住。众人一下子慌了神，玛丽用钥匙打开房间的另一扇门，安德森冲进去，在猎枪架的旁边找到海明威。海明威正在给一支枪装子弹，安德森冲到海明威身边，两个人开始争夺那支枪。众人上来帮忙，给海明威注射了重度的麻醉药。枪被夺了下来，海明威被从死神身边拉了回来。

　　4月25日，海明威乘坐直升机在玛丽和唐·安德森的陪同下前往梅奥诊所。飞机在途中出了点小故障，于是在怀俄明州的卡斯帕机场停下来检修。海明威下来活动一下筋骨，当他看到依然在旋转的螺旋桨时就向螺旋桨撞去，安德森挡在他的前面，撕扯中，海明威差点将唐·安德森推进旋转的螺旋桨中去。

　　因为海明威之前的暴力事件，他在圣玛丽医院被安排进"自杀看护部"进行重点看护。海明威这一次在医院接受了十几次的电休克治疗，他的心境很低落，他跟玛丽说自己永远也治不好。玛丽认为在圣玛丽医院里，海明威得不到根本的治疗，到目前为止都是在做表面工作，玛丽想给海明威转院，但医生罗姆不同意。而且这期间海明威一直在医生护士面前表现得很好，非常配合医院的安排，他假装自己已经康复，多次向医院提出出院申请。玛丽知道海明威根本没有好，他在医生和自己的面前表现得很不一样。但是院方选择相信海明威，并催促玛丽办理出院手续。

6月26日，玛丽请海明威昔日的拳击伙伴乔治·布朗帮忙接他们回家。他们在路上走得很慢，因为海明威总是担心晚上会因为找不到地方住而留在充满危险的荒郊野岭，所以他们总是在刚过中午就开始找留宿的旅馆。从洛奇斯特到凯彻姆他们走了5天的时间，6月30日才到达家中。

7月1日，乔治·布朗和他们夫妇两个在一家餐馆里用餐，海明威选择了一个在角落里的座位。在他看来，周围吃饭的人群里夹杂着很多联邦调查局派来的人。很明显，他的幻想症和多疑恐惧的心理还是没能得到彻底治疗。海明威"最后的晚餐"就在他这样惊恐的心情下过去了。

回到家中，两个人旅途中的劳顿还没有缓过来，玛丽早早地上床准备睡觉。海明威正在洗漱的时候听到玛丽播放的收音机里传出一支多年前的流行歌曲，曲调欢快，海明威也跟着哼起来。他走到床边，和玛丽说了晚安，还管玛丽叫作"小猫咪"，这是他们刚认识时海明威对她的昵称。玛丽一时间觉得仿佛回到了过去，回到了那段他们曾经共同享有的美好时光，她突然有了一种想流泪的冲动。"最终会慢慢好起来的。"玛丽这样告诉自己。

7月2日的早晨，海明威醒得比往常都早，那时玛丽还在床上酣睡。经过上次的事件之后，玛丽为了防止悲剧的发生，在海明威回来之前就已经将所有的枪支锁进地下的储藏室。但百密一疏，她把地下室的钥匙放在了厨房水槽正上方的橱柜里，她以为海明威会不记得哪间是储藏室，但事实并不是这样。海明威醒来后先从厨房拿了钥匙，然后走上通往地下室的楼梯。他从地下室挑选了一把口径12毫米的双管英式猎枪，出来的时候还记得锁上了门。他坐在客厅里，将枪膛打开，放进了两颗子弹，然后将枪管放进了自己的嘴里。

沉睡中的玛丽被一声巨响惊醒。经常打猎的玛丽当然知道这声巨响是什么，她慌忙起身，看到海明威已经不在身旁，只剩下他睡过的痕迹。玛丽有一种不祥的预感，赶紧冲下楼，她的心脏从来没有跳得那样剧烈。然后在客厅里，她看到了最不愿看到的一幕……

乔治·布朗是第一个赶到的，他一边安抚惊慌失措的玛丽，一边打电话报警，还通知了几个朋友过来帮忙清理。海明威死亡的消息很快就传了出去，家里被闻讯赶来的人围得水泄不通。玛丽对外界说海明威的死是枪管意外走火，她过了很长时间才能接受他自杀的事实。那一天是 7 月 2 日，距离海明威 62 岁的生日只有十九天，玛丽还准备为他筹备一个生日宴会。

现在玛丽怀着巨大的悲痛将生日宴会举办成送别仪式。海明威的葬礼定在了 1961 年 7 月 5 日，是为了等远在非洲的儿子帕特里克回来。在葬礼的现场，海明威的弟弟妹妹与海明威的三个儿子分别站在两边，作为家人接受朋友们的吊唁。天主教士罗伯特·沃尔德曼神父主持了葬礼，在葬礼上他朗读了《旧约·传道书》中的一段话：

“一代人过去了，一代人又会来，大地却永远长存。日头出来，日头落下，急归所出之地。风往南刮，又往北转，不住地旋转，而且返回转行原道。江河都往海里流，海却不满。江河从何处流，仍归还何处。”

《太阳照常升起》的书名就从这段话而来，那是海明威给文坛带来震撼的第一部作品，是他生命中具有里程碑意义的小说。在葬礼上朗诵这一段，让人们在对海明威的缅怀中领悟到一种绝望与希望的交织。

海明威的墓被安放在风景秀美的凯彻姆，很多社会各界的名人都前来吊唁，总统约翰·肯尼迪发来唁电说："几乎没有哪个美国人比欧内斯特·海明威对美国人民的感情和态度产生过更大的影响。"

作为一个作家，他创造了一种简洁流畅、清新洗练的文体，形成了自己独特的艺术风格，在写作技巧上大胆尝试，始终走在同时代作家的前列，净化了一代的传统文风，在欧美文学界产生了巨大的影响。美国著名文学评论家威拉德·索普在他的《二十世纪美国文学》中对海明威给予了崇高的评价："海明威是当代最伟大的自然主义作家之一。他敢于突破传统，创造新的风格和手法去适应题材的需要。"海明威被西方人尊称为"当代小说之父"。同时，海明威还是一位传奇式人物。他一向以文坛硬汉著称，他的"硬汉"精神深切地影响到不同年龄阶段、不同地域的人们，散发着无穷的魅力，成为美利坚民族的精神丰碑。

海明威的一生都是在战斗中度过，他与各种各样的艰难相战，每次他都是胜利者。一次次受伤、一次次接近死亡都坚强地挺了过来。但就是这样的硬汉却在与自己的博弈中败下阵来，倒在自己的枪口之下。

一代伟人的匆匆离世给人们留下了震惊，也留下了无限悲痛和遗憾。但他的精神和作品将会永恒，与未来不同的时代碰撞，产生巨大的回响！